Beltz Taschenbuch 611

W0072632

Über dieses Buch:
Herausforderung Teamarbeit: Solange Teams an einem Strang ziehen und gerne zusammenarbeiten, klappt die Arbeit hervorragend. Was aber, wenn dem nicht so ist? – Vielleicht haben auch Sie den »weißen Raben«, den »Roll-treppenblockierer« oder den »Wohl-Täter« in Ihrem Team? Oder es stören »Teamflüchter«, »Minimalist« oder »Schneewittchen«? – Die kennen Sie nicht? Möglicherweise doch!
Franz Will hat die unterschiedlichsten Teambremsen zusammengestellt. Anhand von 20 Situationen zeigt er, wo diverse Störungsursachen liegen und wie Sie damit umgehen können. Den ein oder anderen Aha-Effekt werden Sie sicher erleben.
Optimieren Sie Ihr Team, indem Sie Störungsursachen erkennen und vermeiden. Lösen Sie die Bremse! Ihr Team hat es verdient.

Der Autor:
Franz Will, Jg. 1954, studierte Sozialwesen, Supervision und Philosophie. Er arbeitet freiberuflich als Trainer und Supervisor in München.

Homepage: www.Was-bremst-mein-Team.de
E-mail: willfranz@yahoo.de

Franz Will

Was bremst mein Team?

20 Situationen und ihre Lösungen

BELTZ Taschenbuch

Beltz Taschenbuch 611
Gesetzt nach den neuen Rechtschreibregeln
Lektorat: Ingeborg Sachsenmeier

© 2002 Beltz Verlag · Weinheim und Basel
www.beltz.de
Herstellung: Klaus Kaltenberg
Satz: Mediapartner Satz und Repro GmbH, Hemsbach
Druck: Druckhaus Beltz, Hemsbach
Umschlaggestaltung: Federico Luci, Köln
Umschlagfoto: Corbis Stock Market, Düsseldorf
Printed in Germany

ISBN 3-407-22611-X

Inhaltsverzeichnis

FAQ: Frequently asked Questions

? Was ist überhaupt ein Team?
Ich fasse den Teambegriff sehr weit: Wenn zwei oder mehr Menschen an einem gemeinsamen Projekt kooperativ zusammenarbeiten, ist das ein Team.

? Warum funktionieren Teambeziehungen häufig nicht?
Den Ehepartner kann man sich aussuchen – und trotzdem gibt es viele Eheprobleme und Scheidungen. Bei Teams sind noch mehr Probleme zu erwarten, da hier die Partnerwahl eingeschränkt ist. Wenn Sie als Vollzeitkraft in ein neues Team einsteigen, müssen Sie mit dem bestehenden »Gesamtarrangement« (zwangsweise?) 40 Stunden die Woche zurecht kommen. Da sind Reibungen programmiert.

? Warum wehren sich viele Kollegen nur unzureichend gegen schlechte Arbeitsbedingungen im Team?
Viele Mitarbeiter vermeiden Auseinandersetzungen, da sie sich vor Konflikten fürchten. Es könnte ja noch schlimmer werden (meistens wird es schlimmer, da die Wut doch irgendwann unkontrolliert herausplatzt). Andere arbeiten unzufrieden weiter, da sie sich eine Kündigung finanziell nicht leisten können.

? Warum sind unsere Teambesprechungen so nervtötend?
Frustrierende Teambesprechungen zeigen Ihnen an, dass irgend etwas im Team nicht stimmt: Ist der Arbeitsauftrag unklar bzw. nicht zu erfüllen? Gibt es persönliche Rivalitäten? Glauben Sie Ihren Gefühlen und suchen Sie die Ursachen (s. »Checkliste für die Teamdiagnose«, S. 115 ff.).

? Woran erkenne ich ein gutes Team?
Wenn man nicht nur ehrliche Feedbacks erhält sondern auch solche geben darf, dann ist das ein Zeichen von gegenseitiger Akzeptanz und von Vertrauen.

? Lohnt es sich denn überhaupt, viel Energie in sein Team zu stecken?
Ja, denn meistens verbringt man im Team mehr Zeit als mit der Familie, dem Ehe- oder dem Liebespartner.

? Welche Patentrezepte gibt es?
Da jedes Team eine eigene Geschichte und Dynamik besitzt, gibt es keine Patentrezepte. Aber es gibt typische Risikofaktoren, die auch in Ihrem Team auftreten können. Suchen Sie diese spezifischen Hemmungen Ihres Teams und lösen Sie die Bremse! Darum geht es in diesem Buch.

? Ist Teamarbeit der Einzelarbeit überlegen?
Ein Team ist nicht automatisch besser als die Summe seiner Mitglieder. Ein gutes Team braucht seine Reifezeit. Erst aus einem längeren Prozess, der von Höhen und Tiefen geprägt ist, können lebendige Arbeitsbeziehungen erwachsen.

? Wieviel Geborgenheit kann ein Team geben?
Vorsicht: Ein Team ist keine Liebes-, sondern eine Zweckgemeinschaft. Trotz vieler netter Worte – letztlich geht es im Team um Erfolg, den Gelderwerb und um die Karriere. Wer mit hohen emotionalen Ansprüchen an seine Teamkollegen herangeht, riskiert Enttäuschungen.

? Wie kann ich als Leiter einem zerstrittenen Team helfen?
Vom Leiter erwartet man häufig den Spagat. Er soll

– unterstützen, aber sich nicht in die Arbeit einmischen;
– fördern, aber nicht fordern;
– seine Persönlichkeit zeigen, aber sich nicht aufdrängen.

Aufgrund seiner ambivalenten Rolle hat ein Leiter häufig bei emotionalen Problemen seines Teams weniger Lösungsmöglichkeiten als ein außenstehender Coach oder Supervisor. Helfen Sie Ihrem Team, in dem Sie ihm externe Beratung besorgen. Außerdem: Nachfragen, zuhören und Zeit haben nützen mehr als Vorwürfe und Bewertungen.

? Wie lange dauern Teamveränderungen?

Manchmal geht es ganz schnell. Wenn ein Team zum Beispiel nur an einer schlechten Organisation leidet, dann genügen schon ein neuer Arbeitsverteilungsplan, sauber geführte Protokolle und kreative Moderationsmethoden, um rasch Erfolge zu erzielen. Gelegentlich bremsen auch nur Missverständnisse, die schnell ausgeräumt werden können. Schwieriger wird es, wenn sich mehrere persönliche und strukturelle Faktoren überlagern: Termindruck, Animositäten, ungeklärte Arbeitsaufträge, Werthaltungen, Rivalitäten, Anerkennungs- und Sicherheitsbedürfnisse. Sie bilden zusammen die »Betriebsanleitung« eines Teams. Erst wenn man das »Handbuch seines Teams« lesen gelernt hat, wird man mit Teamveränderungen Erfolg haben.

? Ist positive Motivation nicht viel wichtiger als die Fehlersuche im Team?

Beim Hausbau brauchen Sie ein solides Fundament, damit die Mauern später nicht einbrechen. Bei den Teammitgliedern brauchen Sie als Fundament für die gemeinsame Arbeit Informationen über Bedürfnisse, Stärken und Schwächen der Kollegen und gegenseitige Toleranz. Wenn zusätzlich noch Ziele vereinbart werden können, dann wächst die Motivation von selbst!

? Als Chef möchte ich wissen, warum mein Team seinen Arbeitsauftrag nicht erledigt?

Wollen einige Mitarbeiter den Arbeitsauftrag nicht erfüllen (s. auch »Der ›Minimalist‹ schiebt eine ruhige Kugel«, S. 35 ff.) oder gelingt es ihnen nicht? Im zweiten Fall nützt nur die Fehlersuche, im ersten Fall reicht wahrscheinlich auch ein Machtwort.

? Warum schreiben Sie viel Problematisches über Teams?

Ich berate seit über 15 Jahren Teams bei ihrer Arbeit und kann die in der Literatur anzutreffende Teambegeisterung nicht unbedingt teilen. Teammitglieder arbeiten zunächst deshalb zusammen, weil sie Geld verdienen wollen und (hoffentlich) einen gemeinsamen Zweck verfolgen und nicht, weil sie sich so gerne mögen. Wer kritisch an die Arbeit im Team herangeht, ist auf Widerstände besser vorbereitet.

? **Was macht ein Supervisor?**

Supervision beschäftigt sich unter anderem mit den Beziehungen der Teammitglieder untereinander. Dabei werden persönliche und institutionelle Hintergründe aufgeklärt. Da der Supervisor außerhalb des Teams und (in der Regel) der Arbeitsstelle steht, kann er bei Konflikten wie ein Makler Veränderungsspielräume ausloten und einen Interessenausgleich begünstigen.

Die zwei Aufgaben eines Teams

Grundsätzlich müssen in einem Team, das seinen Namen wert sein will, zwei sich widersprechende Aufgaben gelöst werden:

- Einerseits muss jedem Teammitglied ausreichend Raum für Emotionen und Kreativität zugestanden werden,
- andererseits muss sich jeder Kollege dem Gesamtinteresse des Teams zuordnen.

Ein lebendiges Team muss es schaffen, ohne Gleichmacherei mehrere unterschiedliche, emotionale Menschen in einen Arbeitszusammenhang zu bringen. Individuum und Gemeinschaft müssen sich die Waage halten, denn zu viel Teamgeist stört die Einzelleistung und zu viele Egotrips der Teammitglieder blockieren die Zusammenarbeit.

Ein Team wird missbraucht, wenn es

- zu einer **Sekte** verkommt: jedes Teammitglied hat sich unkritisch einer dogmatischen Vision unterzuordnen oder
- zu einem **Sprungbrett für Egotrips** wird: gemeinschaftliche Ressourcen werden von Einzelnen zum eigenen Vorteil ausgebeutet.

Die drei wichtigsten Bremsen eines Teams

Nähe und Distanz im Team

Der einzelne Mitarbeiter muss im Team seinen individuellen Platz zwischen den **Gruppenansprüchen** und seinen **Einzelinteressen** finden. Er möchte integriert sein, aber seine Freiheit bewahren. Er sucht die Gemeinschaft, aber möchte seine Selbstständigkeit nicht aufgeben. Er hat einerseits Angst vor der Ausgrenzung und andererseits fürchtet er die Einengung. Er muss immer wieder den passenden Abstand zu den anderen Teammitgliedern herstellen, indem er die Antwort auf die Frage findet: Wie viel Nähe zum Team ist angenehm, wie viel Distanz ist erforderlich?

Da ein Team eine lebendige Arbeitsgemeinschaft ist, ist es ständig in Bewegung. Es pendelt zwischen den Polen Nähe und Distanz. Wenn einzelne Kollegen über diese Pole hinausschießen, kommt es zu Konflikten und Blockaden.

Das labile emotionale Gleichgewicht eines Teams aus Einzel- und Gruppeninteressen hat hauptsächlich mit drei internen Bremsen (in unserem Zusammenhang liegt der Schwerpunkt auf den teaminternen Bremsen) zu kämpfen:

- Bremse 1: Egotrip statt Teamgeist
- Bremse 2: Zu hohe Erwartungen an die Gemeinschaft
- Bremse 3: Diffuse Gesprächsführung und taktische Fehler

Bremse 1: Egotrip statt Teamgeist	Bremse 2: Zu hohe Erwartungen an die Gemeinschaft	Bremse 3: Diffuse Gesprächsführung und taktische Fehler
Bringt zu viel Abstand zum Team.	*Bringen zu viel Nähe zum Team.*	*Bringen unnötige Reibungsverluste.*
Wenn Teammitglieder zu sehr das eigene Wohl im Auge haben, dann kommt das gemeinschaftliche Ganze, das Team, zu kurz. Problem dabei: Den größten Egoisten ist ihr Verhalten oft nicht bewusst! Viele Einzelkämpfer sind nicht machtgeil, sondern finden nur nicht den richtigen Zugang zum Team.	Wer zu hohe emotionale Erwartungen an sein Team stellt, überfordert seine Kollegen und letztlich auch sich selbst. Wer alle seine Wünsche auf das kleine Schiffchen Team packt, der riskiert, dass es untergeht. Die dabei entstehenden Enttäuschungen können Teamprozesse für Jahre blockieren.	Viele Teams brechen auseinander, weil aus Gedankenlosigkeit aneinander vorbei geredet wird! Wenn dann der entstandene Frust zusätzlich zu pauschalen Anklagen oder Drohungen führt, dann steigt der Stress und das Team kommt nicht mehr aus dem rotierenden Goldhamsterrad.
Lösungsweg: Sprechen Sie Widersprüche zwischen Team- und Einzelinteressen sachlich an. Ebnen Sie den Zugangsweg für am Rande stehende Teammitglieder.	**Lösungsweg:** Machen Sie sich Ihre Erwartungen an Ihr Team bewusst. Überfordern Sie mit Ihrem Engagement weder sich selbst noch andere. Achten Sie auf Grenzen!	**Lösungsweg:** Lassen Sie sich Zeit – verfallen Sie nicht in blinden Aktionismus. Versuchen Sie sich in Ihre Kollegen hineinzuversetzen – entdecken Sie deren wirkliche Beweggründe.

Was Sie bei allen Störungen weiterbringt:

- Machen Sie eine Bestandsaufnahme der aktuellen Teamprozesse.
- Benennen Sie selbstkritisch Erfolge und Rückschläge der letzten drei Monate.
- Formulieren Sie Ziele, die Sie in einem bestimmten Zeitraum erreichen wollen.
- Teilen Sie diese Ziele in Minimal- und Maximalziele auf.
- Überprüfen Sie regelmäßig, ob Sie noch auf Kurs sind.
- Schätzen Sie auch Teilerfolge. Vielleicht sind sie eine wichtige Durchgangsstation für weitere gute Ergebnisse.

Übersicht: Die Fallbeispiele zu den drei wichtigsten Bremsen

Bremse 1: Egotrip statt Teamgeist	Bremse 2: Zu hohe Erwartungen an die Gemeinschaft	Bremse 3: Diffuse Gesprächsführung und taktische Fehler
»Du wirst dir auch noch die Hörner abstoßen!« *Revierkämpfe*	»Ich gebe mein Bestes, aber niemand schätzt es!« *Job ist das Wichtigste im Leben*	»Eigentlich wollen wir alle das Gleiche, aber wir verstehen uns trotzdem nicht« *Taube, Falke und Vogel Strauß finden keinen gemeinsamen Nenner*
»Mein Gott, wie könnt ihr euch nur so darüber aufregen!?« *Zynische Kollegen*	Frauen und Männer I: »Ich will doch nur dein Bestes …« *Kollegen wollen nicht adoptiert werden*	»Ihr seid alle faule Schweine!« *Abwertungen bringen soziale Isolierung*
»Ich habe es doch nicht böse gemeint …« *Der Rolltreppenblockierer vergisst seine Kollegen*	Frauen und Männer II : »Für dich mache ich alles!« *Schneewittchen verliebt sich im Büro*	»Ich kann mich nicht so schnell wehren!« *Überraschungs-Angriffe*
»Nur ich verteidige den Qualitätsstandard!« *Der »weiße Rabe« braucht Sicherheit*	»Mein Kollege ist ein Wohl-Täter« *Konfliktvermeidung*	»Die Arbeit ist nicht zu schaffen!« *»Schwarzer-Peter«-Spiel statt Problemlösung*
»Ich mache das schon alleine …« *Der »Teamflüchter«*	»Ich hätte nicht gedacht, dass du so bist!« *Enttäuschungen verstellen den Blick auf Konfliktursachen*	»Jetzt gehe ich gleich zum Chef!« *Der Chef kocht sein eigenes Süppchen*

Bremse 1: Egotrip statt Teamgeist	Bremse 2: Zu hohe Erwartungen an die Gemeinschaft	Bremse 3: Diffuse Gesprächsführung und taktische Fehler
»An mir liegt es nicht! Ich erledige meine Arbeit!« *Der »Minimalist« schiebt eine ruhige Kugel*	»Unser Chef ist eine Null und außerdem schätzt er uns nicht« *Erwartungen widersprechen sich*	»Wenn sich hier nichts ändert, dann kündige ich!« *Zugzwang selbst verursacht*
»Unser Team läuft ganz gut – wir machen allerdings fast nichts zusammen und gehen uns eher aus dem Weg« *Team auf Distanz*		»Ohne Stress kann ich nicht arbeiten!« *Die Geister, die man ruft, verlangen ihren Preis*

Bremse 1:
Egotrip statt Teamgeist

»Du wirst dir auch noch die Hörner abstoßen!«

Revierkämpfe

Leider bedeutet Teamarbeit häufig nicht gegenseitige Unterstützung, sondern gegenseitige Blockade. Mehr oder minder zufällig, verursacht von Stress, Alltagsfrust oder Neid, wirft man den »Kollegen« Balken zwischen die Beine. Der Satz »*Du wirst dir auch noch die Hörner abstoßen!*« ist einer davon. Als neuer, engagierter Mitarbeiter hört man ihn oft von dienstälteren Kollegen – meist ohne ihn ernst zu nehmen. Dabei sagt dieser Satz viel über die Zukunftsaussichten *und* das Seelenleben der Kollegen aus. Er enthält eine doppelte Botschaft. *Gegenüber dem Neuen* bedeutet er:

- Du bist zwar engagiert, aber naiv.
- Du könntest von uns Alten lernen.
- Wir werden dein Engagement mit zynischen Anspielungen verheizen.
- Wir wissen, wo es in unserer Firma »langgeht«, denn wir sind erfahrener als du.
- Wir werden dich nicht unterstützen, sondern dich gegen die Wand laufen lassen.
- Dein Engagement muss bestraft werden, denn uns ging es auch nicht besser.

Aus einem Erfahrungsträger wird schnell ein Erfahrungsschläger

Natürlich besitzen dienstältere Kollegen häufig wertvolle Erfahrungen. Besonders als junger Mitarbeiter lohnt es sich, diese »anzuzapfen«. Schließlich muss »das Rad nicht immer wieder neu erfunden werden«. Andererseits sind manchmal die Erfahrungen der Kollegen nichts anderes als eine Ansammlung versteinerter Frustrationen. Mit diesen vorgeschobenen so genannten Erfahrungen sollen dann Neuerungen pauschal niedergeschlagen werden, um das eigene Verhalten nicht hinterfragen zu müssen. Man lebt dann lieber bequem nach den Grundsätzen: *»Das haben wir schon immer so gemacht.« – »Das werden wir auch weiterhin so machen.« – »Da könnte ja jeder kommen.«* Über die Persönlichkeit des Sprechers sagt der Satz »Du wirst dir **auch** noch die Hörner abstoßen!« aus:

- Ich war auch mal so wie du, bin aber gescheitert.
- Ich habe meine Hörner (das heißt: meine Kraft) schon verloren. Ich kämpfe nur noch aus Verzweiflung.
- Ich erlebe dich als gefährlichen Eindringling. Ich werde mein Revier (Arbeitsstil, Kompetenzverteilung, Pfründe) so lange verteidigen, bis deine angreifenden Hörner abgestoßen sind.

Alles in allem sind diese Aussagen konfliktträchtig. Sie machen Vorurteile und Abdrängungsversuche sichtbar, die in ähnlicher Form auch von jüngeren Mitarbeitern gepflegt werden.

Mögliche Vorurteile der (dienst-)alten gegenüber den jungen Kollegen	Mögliche Vorurteile der (dienst-)jungen gegenüber den alten Kollegen
Die Jungen	Die Alten
- sind noch naiv und dumm. - sind von der Betriebsleitung leicht zu beeinflussen. - können Wunsch und Wirklichkeit nicht unterscheiden. - wollen anderen ihre Ideen aufzwingen. - nehmen die Arbeit nicht ernst, da sie rascher eine neue Stelle finden. - wollen verdiente Mitarbeiter von ihren Posten verdrängen. - werden nicht lang durchhalten. - sind noch unverbraucht und belastbar.	- scheuen das Risiko und die Veränderung. - sind unfähig, ihre alten Feindbilder abzulegen. - sind frustriert, faul, verknöchert. - machen sich ihre Probleme durch ihre Borniertheit selber. - probieren nichts Neues. - kennen sich mit neuen Technologien nicht richtig aus. - blockieren die Jungen, um sich Pfründe zu sichern. - warten nur auf die Rente. - sind verbraucht und unbelastbar.

Vorurteile dienen der Abwertung des anderen und damit indirekt der eigenen Aufwertung: Wer andere klein macht, hofft selber größer raus zu kommen. Man redet sich selbst seine Überlegenheit ein, um seine eigenen Unsicherheiten zu überspielen: Die Angst davor, am Arbeitsplatz den Kürzeren zu ziehen oder gar vertrieben zu werden. Man glaubt sich seinen Stammplatz mit aller Gewalt sichern oder einen erobern zu müssen. Im Tierreich sind verlorene Revierkämpfe oft ein Todesurteil. Aber haben wir Menschen nicht mehr Möglichkeiten als Tiere?

Die Mischung der Charaktere bringt den Erfolg

Konkurrenzen binden Energien. Für alle wäre es produktiver, wenn Junge und Alte sich ergänzen. Im Team dürfen nicht alle Mitglieder »Antreiber« sein, da sonst die Arbeitsstelle überfordert wäre und zusammenbrechen würde. Dagegen halten »Bremser« und »Beweger« zusammen ein Team im Gleichgewicht. Verschiedene Charaktere der Teammitglieder können ein Team deshalb arbeitsfähiger machen als eine Monostruktur übermütiger Yuppies oder vorsichtiger Senioren.

So lösen Sie als junger Kollege die Bremse

- Versäumen Sie nicht, in Ihrer Firma einen »Einstand« auszugeben, wenn das an Ihrem neuen Arbeitsplatz der Brauch ist. Sie erhalten dadurch die Chance, viele Vorbehalte zu lösen.
- Als neuer Mitarbeiter sollten Sie sich zuerst fragen, ob Sie nicht (vielleicht ohne böse Absicht) bei den älteren Kollegen durch Ihr Verhalten Befürchtungen und Konkurrenzen geweckt haben. Vielleicht haben Sie Ihre Veränderungsideen zu fordernd eingebracht und Ihre Karriere- und Aufstiegswünsche zu offensiv vertreten. Da helfen dann nur viele Einzelgespräche, um die Wogen zu glätten.
- Vielleicht geben Ihnen aber auch die Kollegen keine Chance. In der Regel geht man dann den »miesepetrigen Bremsern« mög-

lichst aus dem Weg. Diese Reaktion ist zwar emotional verständlich, aber gefährlich. Denn natürlich besitzen die dienstälteren Kollegen in der Firma die besseren Verbindungen und Informationsnetze. Diese könnten sie nutzen, um Ihnen empfindlich zu schaden: Entweder, indem sie Ihre Arbeit blockieren, oder gezielt Gerüchte über Sie in die Welt setzen. Lassen Sie sich nicht einschüchtern! Brechen Sie das Eis! Gehen Sie offensiv auch auf schwierige Kollegen zu. Lassen Sie sich gemachte Erfahrungen (zum Beispiel die Firmengeschichte) erzählen. Sie zeigen Ihrem Gegenüber dadurch die Wertschätzung, nach der viele alte Mitarbeiter lechzen! Prüfen Sie aber, ob die Erfahrungen lebendig und brauchbar oder schon versteinert-tot sind.

- Erwarten Sie nicht, dass die skeptischen Kollegen Sie plötzlich unterstützen. Aber Sie haben schon viel gewonnen, wenn Sie nicht mehr blockiert werden!

So lösen Sie als diensterfahrener Kollege die Bremse

- Mag sein, dass die Veränderungsvorschläge Ihrer jungen Kollegen wirklich nicht praktikabel sind. Aber selbst dann sollten Sie diese nicht verdammen, sondern sich zuerst die neuen Ideen vorstellen lassen. Statt zu blockieren, sollten Sie nachfragen:
  - *»Wie hast du dir die Arbeitsveränderung vorgestellt?«*
  - *»Wo liegen deiner Meinung nach die wirklichen Probleme?«*
  - *»Welche Erfolgskriterien hast du eigentlich für unsere Arbeit?«*
  - *»Wie willst du sicherstellen, dass die Ergebnisse rechtzeitig vorliegen?«*

  Sie setzen damit Ihr Gegenüber unter Zugzwang: Sie bzw. er muss argumentieren und wird so zu verantwortlichem Handeln gezwungen.
- Machen Sie bei Grundsatzfragen sachlich Ihre Gegenposition deutlich, ohne den anderen abzuwerten, dafür können Sie bei Kleinigkeiten nachgeben. Aber machen Sie nicht aus Kleinigkeiten Grundsatzfragen!

- Wittern Sie nicht gleich in jeder flapsigen Bemerkung eines jungen Kollegen einen Konkurrenzkampf. Die Zukunft wird zeigen, ob es vielleicht nur eine Ungeschicklichkeit war.
- Scheren Sie »die Jungen« nicht alle »über den gleichen Kamm«. Sie haben nicht von vornherein eine geschlossene Front gegen sich, sondern zunächst mehrere unterschiedliche Menschen. Die Front kann sich allerdings schnell bilden, wenn Sie zu pauschalen Abwertungen neigen.
- Sprechen Sie gegebenenfalls konkurrierendes Verhalten offen an, anstatt vorschnell selbst dagegen zu konkurrieren.

Tipp

Gehen Sie schwierigen Kollegen nie aus dem Weg! Lassen Sie Ihrem Gegenüber keine Chance zu einem Pokerface! Fordern Sie stattdessen, dass »die Karten auf den Tisch« gelegt werden. Lassen Sie sich Vorurteile, die über Sie bestehen, erzählen. Fragen Sie nach, wie es zu diesen Einschätzungen gekommen ist. Sie schlagen damit zwei Fliegen mit einer Klappe:

- Sie erhalten wichtige Informationen über Ihren zukünftigen Handlungsspielraum im Team.
- Sie signalisieren Ihrem Gegenüber Mut und Offenheit – selbst dann, wenn das Gespräch zu keinem harmonischen Abschluss kommt.

Starkes Auftreten zeigen Sie nicht, wenn Sie Ihre Kollegen niederreden, sondern wenn Sie den Mut aufbringen, auch Unangenehmes über sich in Erfahrung zu bringen.

»Mein Gott, wie könnt ihr euch nur so darüber aufregen!?«

Zynische Kollegen

Zoff im Sekretariat. Alle sind überlastet und genervt – aber jeder drückt es anders aus.

Frau A: »Wenn wir die Vorgänge erst so spät bekommen, dann können wir sie nicht rechtzeitig bearbeiten. Das schaffen wir nie!«

Herr B: »Unser Abteilungsleiter hat keine Ahnung, der weiß gar nicht, was hier alles geleistet werden muss!«

Frau C: »Der Abteilungsleiter, der geht ja noch, aber sein neuer Assistent, das ist doch ein richtiger Sklaventreiber!«

Herr D: »Das hat uns doch die Abteilung B eingebrockt! Die haben sich wieder geschickt rausgezogen und uns die Arbeit aufgehalst.«

Frau E: »Mein Gott, wie könnt ihr euch nur so darüber aufregen!? In unserer Firma konnte noch nie jemand planen, das war schon immer so und wird so bleiben! Wer sich da noch aufregt, ist selbst schuld!«

Was ist passiert?

Fünf Personen, fünf verschiedene Aussagen. Alle sind überlastet, jeder »lässt Luft ab«. Der abgeladene Frust wird in das Team hineingeworfen. Da liegt er jetzt, aber was geschieht mit ihm? Fürs erste scheint er sich aufzulösen, da die Mitarbeiter ihren Ärger, wenn schon nicht bei den Vorgesetzten, so wenigstens unter sich »ausgekotzt« haben. Der erste Schritt ist getan. Man fühlt sich emotional entlastet und kann bald wieder die (nicht zu schaffende?) Arbeit aufnehmen. Aber die Probleme sind noch nicht gelöst. Schlimmer noch: Es ist noch gar kein Gruppenkonsens erkennbar.

Vorsicht vor Frau E

Sie ist extrem resigniert, denn sie glaubt nicht mehr an eine Veränderung innerhalb der Firma: »*... das war schon immer so und wird so bleiben* ...« Sie benutzt ihre Resignation, um sich über ihre Kollegen zu stellen und sie als Versager zu brandmarken: »*Wer sich da noch aufregt, ist selbst schuld!*« Sie macht sich zynisch über den Leidensdruck der anderen lustig: »*Mein Gott, wie könnt ihr euch nur so darüber aufregen!?*«

Warum sind Kollegen zynisch?

Mit zynischen Bemerkungen kann man vom Alltag Abstand gewinnen. Was man weit weggeschoben hat, schmerzt weniger. Man versucht Ärger zu verdrängen oder an sich abprallen zu lassen, um vor sich selbst souverän rauszukommen. Besonders stark kann man sich fühlen, wenn man gleichzeitig andere abwertet. Trotzdem ist Zynismus keine Problemlösung, da er die Arbeitsbedingungen nicht verändert. Vielmehr ist er eine Art Droge, mit deren Hilfe man sich stark fühlen kann, obwohl man innerlich verzweifelt ist.

So lösen Sie die Bremse

- **Stoppen Sie den destruktiven Einfluss** von Frau E auf das Team. Nehmen Sie ihr die Maske, sprechen Sie den Zynismus direkt an: »Frau E, Sie scheinen frustriert zu sein, aber ich bin es noch nicht ...«. Diskutieren Sie dafür lieber mit Ihren motivierteren Kollegen. Wahrscheinlich »klinkt« Frau E sich später wieder ein, spätestens wenn sie merkt, dass sich im Team niemand für sie interessiert. Denn wichtiger als die Zynismen ist ihr, überall dabei zu sein.

● **Frust abladen reicht nicht.** Langfristig wird die Arbeit nur dann erträglicher, wenn
  – die Teammitglieder ihren Egotrip »Jeder-wirft-seinen-Müll-mitten-in-die-Runde« aufgeben;
  – ihre Probleme genau unter die Lupe nehmen;
  – dann den kleinsten gemeinsamen Team-Nenner finden und
  – eine **gemeinsame Lösungsstrategie** entwickeln.

Wenn es nur beim Frust abladen bleibt, dann werden weitere Veränderungsprozesse blockiert.

(Siehe auch »Eigentlich wollen wir alle das Gleiche, aber wir verstehen uns trotzdem nicht«, S. 70 ff).

»Ich habe es doch nicht böse gemeint ...«

Der Rolltreppenblockierer vergisst seine Kollegen

Viel Zeit hat Herr Meier für die Neuorganisation des Sekretariats aufgewendet. Neue Aktenordner mit neuen Einlegeblättern wurden beschafft, das Ablagesystem wurde radikal verändert und der PC neu strukturiert. Eigentlich eine sinnvolle Tätigkeit – wenn Herr Meier die Veränderungen mit seinen beiden Kolleginnen abgestimmt hätte. In seinem Eifer hat er das aber vergessen. Die sind jetzt sauer, da sie die abgelegten Vorgänge nicht mehr finden, und sprechen von einer riesigen Anmaßung, die sich Herr Meier geleistet hätte. Dieser versteht die Welt nicht mehr, rechtfertigt sich mit »Ich habe es doch nicht böse gemeint ...« und außerdem hätten sich doch die Kolleginnen ständig über das bisherige Ablagesystem beklagt.

Anscheinend strukturiert Herr Meier sein Umfeld ausschließlich nach seinen Bedürfnissen – die Bedürfnisse seiner Mitmenschen nimmt er nicht zur Kenntnis. So gut gemeint die Arbeit von ihm vielleicht auch gedacht war, Herr Meier ist nicht faul – letztlich war es nur ein Egotrip.

»Die anderen sind so rücksichtslos!«

Herr Meier verhält sich wie ein Rolltreppenfahrer in einem Kaufhaus, der nach der Fahrt plötzlich auf der Plattform stehen bleibt und – völlig in sich versunken – darüber nachdenkt, ob er zuerst die Oberbekleidung oder die Haushaltswaren ansteuern soll. Die anderen Rolltreppenbenutzer, die hinter ihm zusammengequetscht werden, interessieren sich aber nicht für seine persönlichen Reflexionen. Klar, dass sie ihn, da er ihnen den Weg versperrt, treten und auf die Seite schieben. Nur der Getretene selbst versteht die

Zusammenhänge nicht. Narzisstisch wie er ist, sieht er sich nur als unschuldiges Opfer: »Die anderen sind so rücksichtslos!« Tatsächlich ist er aber auch ein Täter, da er seinen Mitmenschen rücksichtslos den Weg versperrt.

Der Rolltreppenblockierer lernt nicht aus seinen Schmerzen

Grundsätzlich fehlt dem Rolltreppenblockierer die Fähigkeit, sich in komplexere Systeme, ob Menschen oder Arbeitsabläufe, hineinzuversetzen. Obwohl er selbst Rolltreppenfahrer ist, ignoriert er das Gesetz dieses Verkehrsmittels nach einem reibungslosen Ablauf. Er denkt so ichbezogen, dass er die Mitmenschen, die Bewegungsabläufe und Prozesse in seiner Umgebung nicht zur Kenntnis nimmt. Wenn er sich mit etwas beschäftigt, vergisst er alles um sich herum. Irrtümlich geht er davon aus, dass sein Umfeld seine Bedürfnisse spielend leicht erkennen könne und sich selbstverständlich entsprechend zu verhalten hätte. Die vielen Tritte und Schläge, die er in seinem Leben bisher bezogen hat, müssten ihn eigentlich eines Besseren belehren. Aber warum lernt der Rolltreppenblockierer nicht aus seinen Schmerzen? – Weil er nicht versteht, dass er selbst die Konfliktursache (nicht nur Opfer, sondern auch Täter!) ist. Er wollte »doch nur« überlegen, ob die Oberbekleidung oder die … jedenfalls hatte er ja keine böse Absicht, deshalb kann er ja auch nicht Schuld sein. Weil der Rolltreppenblockierer die Zusammenhänge zwischen sich und seinen Mitmenschen nicht erfassen kann, ist er häufig innerlich tief verunsichert.

Manchmal versucht er durch Arbeitseifer die Sympathien der Kollegen zu gewinnen, um seine Irritationen los zu werden. Wie im Fall von Herrn Meier geht das aber gelegentlich schief, da er seine gut gemeinten Aktivitäten mit den Bedürfnissen seiner Umgebung nicht abstimmt. Warum unterlässt er das? Weil er sich von vornherein, ohne jemand zu fragen, darin sicher ist, dass seine Kolleginnen so denken müssen wie er. Hier sind wir wieder am Ausgangspunkt: dem Rolltreppenblockierer fehlt die Fähigkeit, sich in andere Menschen hineinzuversetzen.

Der Rolltreppenblockierer ist eine tragische Persönlichkeit, da er oft (für ihn unerwartete) Konflikte bekommt, obwohl er niemandem Schaden wollte. Sie finden ihn nicht nur im Kaufhaus, sondern auch sehr häufig im Straßenverkehr und – vielleicht auch in Ihrem Team. Da er mit gut gemeinten Arbeitseinsätzen öfters gescheitert ist, kann er misstrauisch und feindselig werden. Er sieht sich dann als Opfer und kann in seinem Umfeld nur noch Gegner erkennen.

So lösen Sie die Bremse

Mit Schuldvorwürfen dürften Sie bei dem Rolltreppenblockierer wenig erreichen, da er im besten Fall wahrscheinlich mit »ja aber, habe ich doch nicht böse gemeint« reagieren wird. Vielleicht versucht er zur Verteidigung einen Gegenangriff zu starten, indem er Ihnen Ihre angeblichen Unzulänglichkeiten nachzuweisen versucht. Damit vermeidet er wieder den Blick auf sich selbst und die Ursache-Wirkungs-Zusammenhänge und lernt wieder nichts. Vielleicht versteht er Sie aber, wenn Sie

- ihm geduldig und sachlich Folgendes erklären: »Wenn du unser Büro umorganisierst, dann kannst du zwar schneller arbeiten, aber wir brauchen sehr viel Zeit, um die Vorgänge zu finden …, du darfst deshalb in solchen Fragen nicht ohne uns entscheiden«;
- seinen bisherigen Arbeitseinsatz grundsätzlich wertschätzen und nicht völlig ablehnen: »Ich finde ja gut, dass du unser Büro umorganisieren willst, aber du hättest das vorher mit uns absprechen sollen …«
- ihm klar eingegrenzte Aufgaben delegieren: »Mache doch mal bis zur nächsten Teamsitzung eine Tischvorlage für die Arbeitsverteilung bei Projekt X«.

Der Rolltreppenblockierer schätzt meistens, wenn man ihm sein Verhalten erklärt, ohne ihn zu treten. Geduld zahlt sich bei ihm aus, denn eigentlich hat er »es doch nicht böse gemeint …«

»Nur ich verteidige den Qualitätsstandard!«

Der »weiße Rabe« braucht Sicherheit

Herr Huber ist Lehrer an einer Realschule. Im Team der Fachkollegen ist er nur selten anzutreffen, da er deren Qualitätsansprüche an einen guten Unterricht für zu gering einschätzt. Seiner Meinung nach ist nur eine strenge Notengebung, Disziplin und die exakte Beachtung von Dienstvorschriften das A und O des Schulalltages. Deshalb sieht er sich häufig Schüler- und Elternbeschwerden ausgesetzt. Dann rechtfertigt er sich mit dem Argument: »Nur ich verteidige den Qualitätsstandard der schulischen Bildung!« Im Kollegium besitzt Herr Huber eine Außenseiterrolle. Er selbst hat sich schon des Öfteren als einziger »weißer Rabe unter lauter schwarzen Raben« bezeichnet. Mit seinen rigiden Vorstellungen passt er nur schwer in eine demokratische Schule, die sich Flexibilität und die individuelle Förderung der Schüler zum Ziel gesetzt hat. Außerdem hintertreibt er mit Anspielungen gegenüber den Schülern die pädagogischen Bemühungen seiner Fachkollegen. Da er sich zusätzlich gemeinsamen Planungen und Diskussionen in der Regel entzieht, wird er für das Kollegenteam zunehmend zu einer Belastung.

Woran kann man den »weißen Raben« erkennen?

»Weiße Raben« gibt es nicht nur bei Lehrern, man findet sie überall. Der »weiße Rabe« arbeitet nach folgendem Strickmuster:

- Er greift einen Themenschwerpunkt des Arbeitsfeldes heraus und stellt diesen über alles andere.
- Er verengt den Arbeitsauftrag auf sein Lieblingsthema, neben dem er nichts anderes gelten lässt. Er ist ein Prinzipienreiter.
- Häufig ist der »weiße Rabe« rigide, formalistisch, autoritär und ein »Law-and-order-Typ«. Seine Wertvorstellungen sind tendenziell fundamentalistisch.

- Er be- und entwertet seine Kollegen nach der Richtschnur seiner Kriterien.
- Kritik gleitet an ihm ab. Stattdessen sieht er sich als leuchtendes Vorbild:»Nur ich verteidige den Qualitätsstandard!«
- Indem er sich als einzigartigen Supermann (oder Superfrau) darstellt, beleidigt er seine Kollegen, ohne dass ihm das in der Regel bewusst ist.
- Seine eigene Unfähigkeit zu kommunizieren sieht er nicht.
- Oft gefällt er sich in der Rolle des Märtyrers, der nur wegen seiner Prinzipienstrenge und Charakterstärke ausgegrenzt werde.

Der »weiße Rabe« ist etwas Besonderes – eine Albinoversion seiner schwarzen Artgenossen. Deshalb ist er auch ein Einzelkämpfer. Seine Einsamkeit trägt er meist mit Fassung. Obwohl Raben eigentlich schwarz sind, macht er sich keine Gedanken darüber, dass eigentlich er verkehrt sein könnte und nicht alle anderen. Stattdessen sieht er sich als einzigartiges und allen überlegenes Wesen.

Der »weiße Rabe« nimmt sich selbst aus dem Team heraus. Er betreibt seine eigene Ausgrenzung, um nicht von den Kollegen ausgegrenzt zu werden. Damit erspart er sich präventiv demütigende Erfahrungen der Ablehnung, die er wahrscheinlich in seinem Leben schon öfters erlebt hat.

Prinzipien geben Sicherheit

Der »weiße Rabe« hat seine Prinzipien entwickelt, um Sicherheit in dem als chaotisch empfundenen Arbeitsalltag zu finden. Seine so genannten »Qualitätsstandards« sind fundamentalistische Fixpunkte, die ihm zur Orientierung dienen. Ohne diese schwimmen ihm Ziele und Perspektiven weg. Eigentlich steht der »weiße Rabe« mit dem Rücken an der Wand. Er ist schlicht überfordert, wenn er sich mit seinen Kollegen differenziert austauschen soll, ohne in ein »Schwarz-Weiß-Denken« zu verfallen. Seine Kommunikationsunfähigkeit zwingt ihn deshalb zum Rückzug in den »Elfenbeinturm« seiner Überheblichkeit.

Wie geht man mit einem »weißen Raben« um?

Da sich der »weiße Rabe« so fest an seine Prinzipien klammert, macht es wenig Sinn, ihm diese auszureden. Vor allem sollte man ihm ein »Tribunal« vor dem Team oder dem Kollegium ersparen, da er sich dann wahrscheinlich nur in den Wahn seiner Überlegenheit flüchtet. Vielleicht fühlt er sich dann gemobbt und beschwert sich beim Personalrat. Obwohl er selbst »kräftig austeilt«, wenn er zum Beispiel seine Kollegen beurteilt, wird er rasch leidend, wenn er selbst einer kritischen Bewertung unterzogen wird. Statt einem Dialog kann dann eine lähmende Auseinandersetzung über angeblich erlittene Kränkungen entstehen.

So lösen Sie die Bremse

Testen Sie die Argumentationsstärke des »weißen Raben«. Lassen Sie ihn exakt begründen, warum er auf seinen Prinzipien besteht. Sie setzen ihn damit unter Zugzwang, bringen ihn aus seiner Opferrolle und nötigen ihn zudem zum Nachdenken. Vielleicht findet das Team dann zur Versöhnung noch einige Brücken, die es ihm bauen kann: zum Beispiel kleinere Zugeständnisse oder die präzisere Regelung von Arbeitsabläufen. – Stellen Sie aber bei Grundsatzfragen emotionslos und sachlich Ihre Gegenposition dar. »In der Sache fest, aber in der Form flexibel« lautet dann Ihre Handlungsstrategie.

Lassen Sie sich vom »weißen Raben« nicht provozieren und zu persönlich kränkenden Äußerungen verleiten (»Schreibtischtäter«, »Faschist« etc.). Geben Sie ihm nicht die Gelegenheit in die Opferrolle zu schlüpfen, denn auf diese Hintertür wartet er bereits, um sich ohne Gesichtsverlust und mit Gegenangriffen den Anschuldigungen zu entziehen.

»Ich mache das besser alleine ...«

Der »Teamflüchter«

Herr Spitze ist 30 Jahre alt und mit vier gleichgestellten Kollegen Entwicklungsingenieur in einer Maschinenbaufirma. Obwohl er sehr hilfsbereit ist, meidet er Besprechungen und Teamsitzungen. Sein Spezialgebiet ist die Datenverarbeitung. Hier ist er unschlagbar. Häufig sieht man ihn am Sonntag an seinem Arbeitsplatz, – wo er ungestört alleine Programme optimiert. Die Kollegen müssen sich dann am Montag umständlich in die veränderten und verbesserten Einstellungen der Computer hineinarbeiten, was gelegentlich zu Verärgerungen führt. Herr Spitze schreibt dann zusätzlich spezielle individuelle Einstellungen, um den Kollegen die Arbeit zu erleichtern. Allerdings beteiligt er andere nie am Entstehungsprozess der Programmierung, sondern liefert mit der Bemerkung »Ich mache das besser alleine ...« nur fertige Ergebnisse ab. Die Kollegen werden damit von ihm abhängig, da sie bei Störungen nicht wissen, wie sie allein die Programmierungen verändern können. – Aufgrund seiner Fähigkeiten fühlt sich Herr Spitze auf seinem Posten überqualifiziert. Die Firmenleitung hat eine Beförderung bisher nicht erwogen, da sie ihm keine Leitungskompetenz zutraut.

Meint es der »Teamflüchter« wirklich gut mit seinen Kollegen? Aufgrund seiner Hilfsbereitschaft könnte man dies vermuten. Auf der anderen Seite monopolisiert er sein Wissen, indem er niemand an der Entwicklung seiner Programme teilhaben lässt.

Woran kann man den »Teamflüchter« erkennen?

- Er arbeitet am liebsten allein. Dann versinkt er in seine Arbeit, ohne die Umgebung wahrzunehmen.
- Die Arbeit ist ihm zeitweise wichtiger als sein Privatleben.
- Bei Teamsitzungen fehlt er oft wegen »dringender Termine«.

- Teamsitzungen, Coaching oder gar Gruppendynamik sind ihm unangenehm. Wenn er ihnen nicht entgehen kann, lässt er sie oft nur regungslos und gelangweilt über sich ergehen.
- Tendenziell legt er seine Arbeitszeiten so, dass er möglichst wenig Kontakt mit seinen Kollegen hat.
- Trotz seiner Freundlichkeit sind die Beziehungen zu seinen Kollegen oberflächlich. Diese wissen häufig nicht, »wie sie bei ihm dran sind«.
- Er neigt dazu, Emotionen mit technischen und mathematischen Denkmodellen zu erklären. Fühlt sich beispielsweise jemand von ihm gekränkt, dann fordert er dafür den Beleg objektiv nachweisbarer Fakten.
- Besondere Freude empfindet er, wenn er um Rat gefragt wird. Dann kann er mit seiner Kompetenz besonders gut glänzen. Es ist dann schwierig, seinen Redefluss zu stoppen.
- Er träumt von Karriere, möglichst ohne lästige Kollegen.

Wie geht man mit einem »Teamflüchter« um?

Der »Teamflüchter« ist zwar dickfellig, aber irgendwann doch zu kränken. Wenn er sich beleidigt fühlt, stellt er alle Hilfeleistungen für die Kollegen ein und wartet so lange, bis sie ihm Abbitte leisten. Der »Teamflüchter« muss deshalb so sorgsam wie ein rohes Ei behandelt werden. Ohne seine Arbeitsleistung verliert das Team, trotz gelegentlichen Ärgers, an Qualität. Kritik kann er schwer aushalten, schließlich sieht er sich, teilweise nicht zu unrecht, als einen anerkannten Experten. Seine Kommunikationsunfähigkeit, die ihn bisher von Beförderungen ausgeschlossen hat, ist ihm nicht bewusst.

So lösen Sie die Bremse

- **Teambedürfnisse visualisieren:** Bitten Sie den »Teamflüchter«, eine Beschreibung seiner Tätigkeiten (Stellenbeschreibung) zu erstellen. Wenn er dabei (wie zu erwarten) die Verknüpfungen zum Team übersieht, ergänzen Sie die erforderlichen Kontakte.

Als Ergebnis hat er dann ein »Team-Beziehungs-Schaltbild« vor sich, das die wichtigen Team-Rückkopplungen aufzeigt.

- **Teambedürfnisse gut verpacken:** Manchmal ist es hilfreich, wenn man sich auf die Denkweise des »Teamflüchters« einstellt. Wenn er ein »Technik-Freak« ist, kann der Arbeitsauftrag in technische Begriffe gepackt werden wie *Teambeziehungen präzisieren, Zusammenarbeit justieren, Feedback-Prozesse unterstützen, Regelabläufe überprüfen* … Vielleicht akzeptiert er dann Ihre Argumente rascher.
- **Lob und Kritik zusammen aussprechen:** Beim »Teamflüchter« erreichen Sie nur Veränderungen, wenn Sie ihn loben und zugleich auf Verbesserungschancen hinweisen. Das ist vor allem dann kein billiger Trick, wenn er fachliche Qualitäten vorzuweisen hat. Etwa so: »Ich finde dein neues PC-Programm absolut super, aber du könntest es noch optimieren, wenn du es mit uns genauer abstimmen würdest.«

Kritisieren, ohne zu verprellen

Bei den meisten Menschen erreichen Sie mit Kritik nur Abwehr (vor allem dann, wenn die Kritik berechtigt ist!). Sich gekränkt fühlende Kollegen neigen sogar zu unberechtigten Gegenangriffen: »Du hast neulich auch nicht …!«. Trotzdem dürfen Sie Kritik nicht verschweigen. Versuchen Sie als »goldenen Mittelweg« Kritik im »Kombipack« mit Lob anzubringen. Jeder hat irgendwo eine Stärke oder wenigstens gute Vorsätze, die viel zu wenig geschätzt werden und auf die man besonders stolz ist. Heben Sie, natürlich ohne zu lügen, diese Fähigkeiten heraus und kombinieren Sie dazu einige Verbesserungsvorschläge. Die Kritik verliert dadurch unnötige Schärfe und wird annehmbar.

Handeln Sie aber beim »Kombipack« nicht schematisch! Sonst zuckt der Kollege oder Mitarbeiter bei jedem Lob zusammen, da er sich schon vorsorglich auf Kritik gefasst macht: »Was hab ich jetzt falsch gemacht, dass ich gelobt werde?« Der »Kombipack« funktioniert nur dann, wenn er nur gelegentlich eingesetzt wird, ehrlich gemeint ist und nicht zur billigen Masche verkommt.

»An mir liegt es nicht! Ich erledige meine Arbeit!«

Der »Minimalist« schiebt eine ruhige Kugel

Frau Y arbeitet als Altenpflegerin mit Kolleginnen im Schichtdienst in einem Altenheim. Die zwei Stationen umfassen nur wenige Betten, damit den Pflegekräften ausreichend Zeit für Einzelgespräche und Gruppenaktivitäten mit den zum Teil verwirrten Bewohnern bleibt. Das anspruchsvolle Betreuungskonzept schlägt sich in einem hohen Pflegesatz nieder, der von den Bewohnern oder der Pflegeversicherung zu entrichten ist. Während die Kolleginnen von Frau Y sich redlich um Gespräche mit den zu Pflegenden bemühen, um sie zu kleineren Freizeitaktivitäten und Rehabilitationsmaßnahmen zu motivieren, beschränkt sich Frau Y auf die allernotwendigsten Tätigkeiten: Aufräumen, Essen und Medikamente verteilen. Ihre Arbeit schafft Frau Y deshalb relativ schnell. Im Gegensatz zu ihren Kolleginnen hat sie sich zahlreiche Entspannungszeiten geschaffen. Da sie zusätzlich grundsätzlich wenig Interesse an Teamarbeit zeigt, behindert sie die Arbeit ihrer Kolleginnen doppelt: Sie verhindert die Abstimmung im Team und blockiert die Motivation der älteren Menschen. Eine von der Heimleitung anonym durchgeführte Befragung hat ergeben, dass einige Angehörige mit den Betreuungen unzufrieden sind. Sie vermissen eine gezielte pädagogische Förderung der Bewohner. Die Beschwerden werden in einer Teamsitzung diskutiert. Frau Y schiebt alle Verantwortung mit dem Satz beiseite: »An mir liegt es nicht! Ich erledige meine Arbeit!«.

Was ist eigentlich die zu erledigende Arbeit? Anscheinend gibt es dazu unterschiedliche Ansichten. Der Arbeitgeber, die Angehörigen und die Kolleginnen fordern gezielte Motivationsarbeit, damit der Lebensabend der Bewohner nicht zu eintönig wird. Der hohe Pflegesatz verpflichtet ebenfalls zu hohem Engagement. Einzig Frau Y reicht eine minimale Grundversorgung. Sie ist eine »Minimalistin«, die alle an sie gestellten Ansprüche ignoriert und gerade so viel arbeitet, damit nach außen der Schein von Aktivität halbwegs gewahrt werden kann. »*Ich* erledige *meine* Arbeit!« ist wörtlich zu nehmen: Ich erledige nur, was *ich* für notwendig erachte. Wer mehr arbeitet, ist selbst schuld.

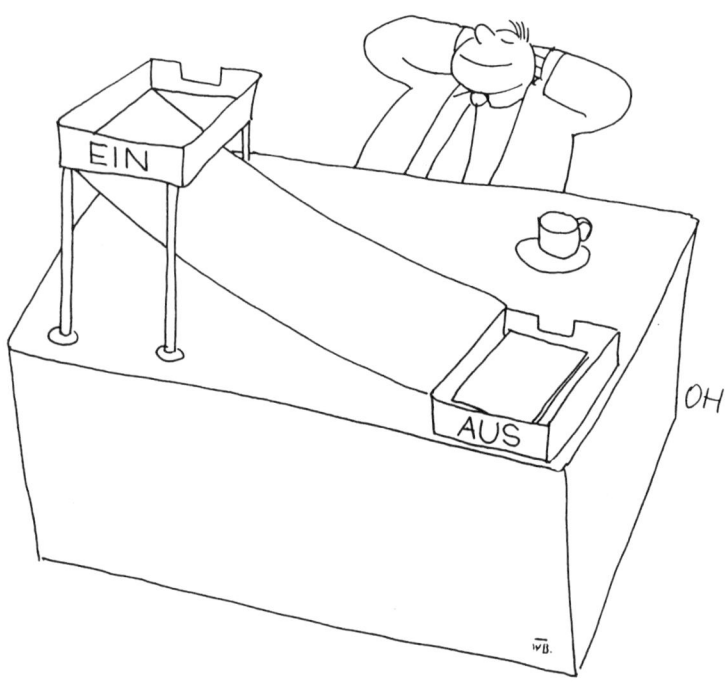

Sie zieht nicht mit am gemeinsamen Strang, sondern klinkt sich aus – zulasten der Kolleginnen. Teamarbeit ist ihr lästig, denn sie bedeutet Zusammenarbeit, Abstimmung, Verantwortung, Koordination und viele Gespräche. Dem »weißen Raben« (s. S. 29 ff.) ist sie ähnlich, da sie an sich selbst ohne Abstriche glaubt und die Kollegen nicht besonders schätzt. Im Gegensatz zu diesem fehlt ihr allerdings das Sendungsbewusstsein. Ihr reicht es, wenn sie in Ruhe gelassen wird und möglichst wenig arbeiten muss. Den Begriff Team übersetzt sie auf ihre eigene Art:

T	=	Toll
E	=	Ein
A	=	Anderer
M	=	Macht's

Frau Y kann die Bewohner des Altenheimes nicht motivieren, da sie selbst nicht motiviert ist. Anscheinend fehlt ihr die Fähigkeit, sich in andere Menschen hineinzuversetzen: Sie kann nicht spüren, was es bedeutet, wenn bei den Senioren durch Motivationsarbeit noch etwas Lebensfreude geweckt wird. Deshalb findet sie in ihrer Arbeit weder Sinn noch Freude. Ihr Minimalismus kann auch von einer persönlichen Beziehungsstörung ausgelöst sein: ihrer Gruppenunfähigkeit und ihrem Mangel an Empathie. Vielleicht würde ihr eine Therapie helfen, andere Menschen zu verstehen, um dann eigene Lebensziele zu finden. So lange sie aber ihr eigenes Problem nicht erkennt, lebt sie ungeniert und überheblich auf Kosten anderer.

Woran kann man den »Minimalisten« erkennen?

Der »Minimalist« ist ein Schmarotzer, da er Arbeit auf die Kollegen abwälzt. Er wahrt nach außen halbwegs den Schein und leistet nicht mehr, als unbedingt erforderlich ist:

- Bei Teambesprechungen ist er häufig verhindert, entweder durch »dringende Termine« (?) oder durch Krankheit.
- Wenn er bei Teambesprechungen doch anwesend sein sollte, sind seine wenigen Redebeiträge relativ emotionslos und schwer zu greifen.
- Zu seinen Kollegen ist er nicht besonders herzlich, aber auch nicht unfreundlich. Er fällt am Arbeitsplatz wenig auf und versucht nirgends anzuecken. Er will einfach nur seine Ruhe haben.
- Er erledigt seine Arbeitsaufträge schleppend und ohne Tiefgang.
- Fachlich ist er uninformiert. Unvorstellbar, dass er in seiner Freizeit berufsbezogene Literatur lesen könnte.
- Nur für einen schlechten Witz hält er die Aussage, dass Arbeit auch Spaß machen kann.

- Er ist sich seiner Faulheit zumindest teilweise bewusst. Deshalb achtet er sorgfältig darauf, dass man ihm formal keine Arbeitsverweigerung nachweisen kann, denn er hat einen ausgeprägten Selbsterhaltungstrieb. Nichts fürchtet er so sehr wie einen Termin beim Chef wegen Arbeitsverweigerung. Denn das würde für ihn Ärger bedeuten und dem geht er lieber aus dem Weg.
- Zu seinen Vorgesetzten versucht er ein positives Verhältnis aufzubauen. Manchmal spricht er mit ihnen unaufgefordert darüber, wie wichtig (?) er seine Arbeit nimmt.
- Er wechselt ungern die Arbeitsstelle. Wenn er glaubt, eine Nische gefunden zu haben, bleibt er ihr lange treu.
- Rege Aktivitäten entfaltet er in der Freizeit. Die Arbeit hingegen nützt er ausschließlich zur Geldgewinnung. Sein Leben hat er in Phasen von »gut« (= Freizeit) und »schlecht« (= Arbeit) eingeteilt.
- Manchmal neigt der »Minimalist« zum stillen Drogenkonsum. Wenn er sich genötigt sieht, die Arbeitszeit abzusitzen, ist er so gefrustet, dass er den Trost alkoholischer Getränke zu schätzen weiß.

So lösen Sie die Bremse

Im Gegensatz zum »weißen Raben« ist der »Minimalist« mit einer offenen Konfrontation vor den Teammitgliedern oder der Firmenleitung zu schrecken. Zunächst müssen ihm die Arbeitsziele klar benannt werden. Wenn er dann eindeutig zu überprüfende Arbeitsaufträge zugewiesen bekommt, ist er gezwungen, sein Arbeitspensum zu erhöhen. Der »Minimalist« wird niemals ein engagiertes Teammitglied werden, aber seine Arbeitsleistung ist noch in Maßen zu steigern. Vielleicht kann er einfachere organisatorische Arbeiten übernehmen, – aber zur Motivation anderer wird er trotzdem nicht taugen.

Wehe den Bewohnern, Patienten oder Kunden, wenn mehrere Minimalisten zusammenarbeiten. Darum geht es im nächsten Beispiel.

»Unser Team läuft ganz gut – wir machen allerdings auch fast nichts zusammen und gehen uns eher aus dem Weg«

Team auf Distanz

Obwohl sich anscheinend viele in diesem Team »ganz gut« fühlen, hat es gleich drei Probleme:

- Es arbeitet nicht zusammen – alle arbeiten nebeneinander her.
- Es merkt nicht einmal, dass es nicht als Team funktioniert und
- entwickelt keinerlei Initiativen, um die Arbeitssituation zu verbessern.

Das »Team auf Distanz« ist gemeinsam gelebter Minimalismus (s. S. 35 ff.). Da niemand dem anderen »in die Karten schauen« kann oder will, braucht man sich für die Qualität seiner Arbeit nicht zu rechtfertigen. Gegenseitige Fehlerkontrolle und Feed-back sind abgeschaltet. Entsprechend dürftig werden auch die Arbeitsergebnisse sein.

Häufig entsteht ein »Team auf Distanz«, wenn interne Konflikte nicht gelöst werden konnten, aber niemand den Mut gefunden hat zu kündigen. Es ist dann das resignative Ergebnis von fallen-gelassenen Ansprüchen und Hoffnungen. Kurzfristig schont es die Nerven, da man möglichen Reibungspunkten von vornherein aus dem Weg geht. Langfristig wird die Arbeit als trostlos und nervtötend empfunden. Solidarisch ist das Team nur dann, wenn neugierige Vorgesetzte oder engagierte Kollegen abgewehrt werden müssen. Dann »läuft es ganz gut«.

Woran kann man das »Team auf Distanz« erkennen?

- Jeder »wurstelt« sich als Einzelkämpfer durch den Berufsalltag.
- Aufgrund der Distanz kommt es häufiger zu Missverständnissen oder fehlerhaften Absprachen. Das stört aber niemanden so stark, dass man die Teamstrukturen grundlegend verbessern würde.
- Die Arbeitsanforderungen sind nicht besonders hoch oder Qualitätsarbeit wird weder von der Leitung oder von den Kunden geschätzt. Deshalb kann auf die Zusammenarbeit verzichtet werden.
- Einige Teammitglieder gehen sich aus dem Weg, da ihnen manche Kollegen unsympathisch sind.
- Organisationsberatung oder Supervision wird von der Teammehrheit vehement abgelehnt, da dafür kein Bedarf bestünde. Außerdem fühle man sich so überlastet (?), dass für Gesprächsrunden keine Zeit übrig sei. Wozu auch, man sei doch zufrieden!

So lösen Sie die Bremse

Hier ist die Bremse eingerostet – hier gibt es keine Lösung. Obwohl das Team offensichtlich nicht arbeitsfähig oder arbeitswillig ist, hat es damit keinen Problemdruck. Wer sollte dann etwas verändern wollen? Wenn Sie es als neues Teammitglied trotzdem versuchen, dann müssen Sie damit rechnen, dass das Team sich auf Ihre Kosten gegen Sie zusammenschließt. Vielleicht finden Sie aber stattdessen wenigstens einen teamfähigen Menschen, mit dem Sie sich gelegentlich treffen können. Denn ganz ohne Team – das wäre zu traurig.

Die wichtigsten Punkte der Bremse 1

Egotrip statt Teamgeist

Egoismus hat unterschiedliche Ursachen: Dass Egoisten solidarische Teamprozesse stören, ist nicht unbedingt eine große Neuigkeit. Spannend wird es erst dann, wenn man die Ursachen für egoistisches Verhalten unter die Lupe nimmt:

- **Schmarotzer:** Bewusstes schmarotzerhaftes Ausnutzen der Teamressourcen kann man dem *Minimalisten* (s. S. 35 ff.) unterstellen. Er dürfte sich über seine Arbeitsvermeidung im Klaren sein, da er sorgfältig alle Spuren seiner Faulheit zu verwischen sucht. Wenn sich mehrere Minimalisten zusammenfinden, leben sie als »*Team auf Distanz*« (s. S. 39 ff.) auf Kosten der Patienten, Kunden oder des Arbeitgebers.
- **Kommunikationsunfähigkeit:** Der »*weiße Rabe*« (s. S. 29 ff.) ist wahrscheinlich empört, wenn man ihm einen »Egotrip« unterstellt. Ist er doch davon überzeugt, sich für seine Arbeitsstelle aufzuopfern. Tatsächlich zeigt er ein hohes Engagement, um Arbeitsergebnisse (nach seiner Richtschnur) zu verbessern. Seine Kommunikationsunfähigkeit lässt ihn leider scheitern. Ihm ist wahrscheinlich nicht bewusst, dass er mehr gegen als für das Team arbeitet. Spräche man ihn darauf an, würde er wahrscheinlich antworten: »Ihr hört mir ja nicht zu, sonst …«. Ohne seine eigenwilligen »Qualitätsstandards« schwimmt ihm der Sinn seiner Arbeit weg. Sie sind deshalb für ihn unverzichtbar. Eine noch tragischere Rolle spielt der »*Rolltreppenblockierer*« (s. S. 26 ff.). Trotz seiner (eigenwilligen) Anstrengungen sieht er sich ständig in der Opferrolle, ohne die Ursachen zu erkennen. Um die zu begreifen, müsste er die Beweggründe seiner Kollegen und den von ihm selbst ausgelösten Ärger nachvollziehen können, da steht seine Kommunikationsunfähigkeit im Weg.

- **Nutzloser Fleiß:** Auch dem »*Teamflüchter*« (s. S. 32 ff.) dürfte sein Verhalten nicht bewusst sein. Schließlich ist er doch so hilfsbereit. Stimmt, ist er auch, damit er möglichst wenig mit seinen Kollegen reden muss. Deshalb macht er alles alleine. Sein Fleiß schadet aber mehr als er nützt, da er sein Team in Abhängigkeit zu ihm bringt und die Zusammenarbeit ausbremst.

- **Selbstverteidigung:** Manchmal beschreiben Teammitglieder ihren Arbeitsplatz wie ein Schlachtfeld. Da gibt es unerwartete Angriffe, Heckenschützen, Fallensteller etc. Wer sich in seinem Team bedroht fühlt, neigt dazu, befürchtete Angriffe präventiv abzuwehren. *Revierkämpfe* (s. S. 18 ff.) und *Zynismen* (s. S. 23 ff.) erscheinen dann unter einem anderen Licht. Die Angriffe sind unter diesen Voraussetzungen kein Beweis von Stärke oder Souveränität, sondern von Schwäche. Da man Angst hat, unter die Räder zu kommen, bezieht man lautstark Position, um potenzielle Gegner von vornherein abzuschrecken. Ein Blick hinter die Kulissen zeigt: Wer stark auftritt, ist nicht immer stark. Wirkliche Stärke gewinnt man langfristig weniger mit plumpem Auftreten, sondern mit Kommunikationsfähigkeit und Verhandlungsgeschick. Lassen Sie sich von »Powertypen« nicht einschüchtern, schauen Sie Ihren Kollegen hinter die Maske!

Treiben Sie Ihre Kollegen nicht weiter in die Sackgasse!

Jede Arbeitsstelle und jeder Mensch ist einzigartig. Einfache Rezepte zur Verbesserung des Teams kann es deshalb nicht geben. Trotzdem so viel: Abgesehen von den Schmarotzern ist den meisten »Teamgeist-Bremsen« ihr Verhalten gar nicht bewusst! Sie sehen sich im Recht oder wissen sich nicht anders zu helfen – sie geraten in Konflikte, ohne die Ursachen dafür zu verstehen. Wenn Sie diese Menschen mit Vorwürfen überhäufen, treiben Sie Ihre Kollegen weiter in die Sackgasse! Das unerwünschte Verhalten wird dadurch nur noch verfestigt! Letztlich kann nur mit zuhören und nachfragen eine Verhaltensänderung bewirkt werden. Wenn nicht von Ihnen, vielleicht von einem externen Berater, einem Coach oder einem Supervisor.

Bremse 2:
Zu hohe Erwartungen an die Gemeinschaft

»Ich gebe mein Bestes, aber niemand schätzt es!«

Job ist das Wichtigste im Leben

Frau Meier ist mit viel Schwung in ihre neue Arbeitsstelle als Regional-
vertreterin eingestiegen. Ohne auf ihre Arbeitszeit zu achten, steht sie
ständig für die Anfragen der Kollegen und Kunden zur Verfügung. Die
Umsätze haben sich deshalb etwas verbessert. Da sie jede Aufgabe
flott und elegant erledigt, wird sie rege in Anspruch genommen. Sollte
sie sich nicht in den Büroräumen aufhalten, ist sie über ihr Handy per-
manent auch privat erreichbar. Sie gibt wirklich »ihr Bestes«. Nach zwei
Jahren Betriebszugehörigkeit möchte sie privat eine Chance nutzen
und für sich ein Ferienhaus erwerben. Damit ihr das Schnäppchen
nicht entgeht, fordert sie von ihrem Arbeitgeber kurzfristig eine Bürgschaft über 100.000 Euro. Dieser zögert mit der Zusage, da vorher
noch einige Grundsatzfragen zu klären seien. Daraufhin schaltet Frau
Meier ihr Handy ab und geht nicht mehr zu Arbeit. Der Arbeitgeber er-
wägt eine Abmahnung wegen unentschuldigtem Fernbleiben vom Arbeitsplatz.

Für Frau Meier ist das Zögern des Arbeitgebers eine abgrundtiefe
Kränkung. Schließlich wollte sie von ihrer Firma keine finanziellen
Geschenke, sondern nur (?) unbedingtes Vertrauen in Form einer
Bürgschaft über 100.000 Euro. Da sie selbst für die Firma immer
»ihr Bestes« gegeben hat, fühlt sie sich jetzt im Stich gelassen und
verraten. Ihr unentschuldigtes Fernbleiben vom Dienst zeigt Ärger,
Trotz und Enttäuschung.

Ich bin immer etwas irritiert, wenn jemand behauptet, in der
Arbeit »das Beste« zu geben. Denn was ist »das Beste«: die Gesund-
heit, die Persönlichkeit, Werte, Glaube, Liebe und Freundschaft?
Ich kann mir nicht vorstellen, dass man diese persönlichen High-
lights in ein sachliches und formales Arbeitsverhältnis steckt und
dem Privatleben, dem Liebespartner, Kindern, der Familie und den
Hobbys vorenthält. Könnte es nicht ausreichen, wenn Sie Ihrer Fir-

ma Ihr *Zweitbestes* zukommen lassen: z.B. Interesse, Engagement, Sachlichkeit, fachliche Qualifikation, Organisationsgeschick, Hilfsbereitschaft, Verantwortungsgefühl und Leistung.

Kollegen, die behaupten »ihr Bestes« zu geben, neigen zu *Täuschung* oder *Enttäuschung*. *Täuschung* ist, wenn man sein absolutes Engagement (bewusst oder unbewusst?) nur vorspielt, um sich Kritik nicht anhören zu müssen: Da ich schon »mein Bestes« gebe, hat niemand das Recht, mir Vorwürfe zu machen! Ich stehe deshalb über den Dingen und werde mich nicht verändern. »Ich gebe mein Bestes« wird dann zur Schutzbehauptung bzw. zu einer Form des Totstell-Reflexes.

Wer hingegen wirklich glaubt, in der Arbeit »das Beste« zu geben, riskiert, stark *enttäuscht* zu werden. Denn bei aller Freude, die man am Arbeitsplatz haben kann und sollte, stehen Interessen des Unternehmens bzw. die Bedürfnisse der Zielgruppen im Vordergrund. In einer Arbeitsstelle geht es zuerst um einen bezahlten und deshalb zu erledigenden Arbeitsauftrag und erst sekundär um Persönlichkeitsentfaltung. Das erfährt man dann schmerzlich, wenn eine besondere Leistung benötigt oder der Rotstift geschwungen wird und wegen knallharter ökonomischer Faktoren die Arbeitsbedingungen verschlechtert werden. Noch schlimmer, wenn die eigene Arbeitsstelle abgebaut oder der ganze Betriebsteil an den bisherigen Konkurrenten verkauft wird. Dann wird schmerzhaft deutlich, dass der Arbeitgeber unter »dem Besten« etwas anderes versteht als man selbst. Jeder ist als Person zwar einzigartig, aber doch irgendwann ersetzbar. Unter diesen Bedingungen ist es zumindest fraglich, ob man »sein Bestes« (und »Letztes«?) geben sollte, da man im Tausch zwar Geld und vielleicht Prestige, aber wahrscheinlich nichts Gleichwertiges zurückbekommt. Bringen Sie »Ihr Bestes« besser für sich selbst oder in die Beziehung zu Ihrem Partner ein, die Chancen stehen hier besser, nicht enttäuscht zu werden!

Denn bei einer Liebesbeziehung können Sie sich Ihren Partner gezielt aussuchen, das heißt, hier können Sie die Rahmenbedingungen aktiv beeinflussen. Bei einer Arbeitsstelle gelingt dies nur manchmal im Auswahlgespräch. Wenn selbst bei freier Partnerwahl zurzeit zirka 40 Prozent der geschlossenen Ehen wieder geschieden werden, ist es dann nicht viel wahrscheinlicher, dass berufliche

(Zwangs-)Teams scheitern? Ist es dann sinnvoll, das persönliche Wohlergehen an die Arbeit eng anzukoppeln? Wäre dann nicht eine kritische, aber loyale Distanz angemessener?

Wer wirklich sein Bestes gibt, macht sich emotional von seinen Erfolgen abhängig. Er setzt alles auf eine Karte, um zu gewinnen oder zu verlieren. Natürlich ist man schnell persönlich getroffen, wenn einmal etwas nicht funktioniert oder die Wertschätzung von Kollegen und Vorgesetzten ausbleibt: »Ich gebe mein Bestes, aber niemand schätzt es!« Dabei konnte vielleicht der Misserfolg nicht vermieden werden, da die Rahmenbedingungen oder unerwartete Zwischenfälle die Handlungsspielräume beschnitten haben.

Anzeichen für »zu viel geben – zu wenig bekommen«

Wer starken Ärger oder Unzufriedenheit verspürt, ohne jedoch immer eine konkrete Problemursache angeben zu können, ist wahrscheinlich ein Opfer der eigenen überhöhten Ansprüche geworden:

- **Ungeduld** kann ein Zeichen dafür sein, dass die Arbeitsergebnisse oder die berufliche Wertschätzung mit dem erbrachten persönlichen Einsatz nicht Schritt halten. Unglücklicherweise macht man dann manchmal dafür ungerechterweise unbeteiligte Kollegen verantwortlich.
- Ein diffuses Gefühl von **Ungerechtigkeit** könnte darauf hinweisen, dass man sich innerlich betrogen fühlt, ohne sich das konkret einzugestehen. Wer ahnt, dass er für »sein Bestes« (in Form von Engagement) nicht genügend Anerkennung und Wertschätzung erhält, sucht sich unter Umständen Sündenböcke, auf die er seinen Ärger abladen kann. Oder man verliert die Orientierung und ist schnell ausgebrannt.
- **Überanstrengung**, häufig schon wegen Kleinigkeiten, können ein Anzeichen dafür sein, dass man früher mehr gegeben hat, als man verkraften konnte. Das rächt sich jetzt in einer Arbeitshemmung.

So lösen Sie die Bremse

Engagement braucht Grenzen – sonst ist man bald zu keinem weiteren mehr fähig. Machen Sie den Check für Ihre Arbeitsstelle:

- Schauen Sie sich Ihre Firma, die Mitarbeiter, Vorgesetzten und Arbeitsaufgaben genau an. Sind diese es wirklich wert, dass Sie »Ihr Bestes« bekommen?
- Würden Sie »Ihr Bestes« gegen Geld (Arbeitslohn) verkaufen?
- Wie viel sind Sie wirklich bereit in Ihre Arbeitsstelle einzubringen, was wollen Sie für sich behalten?
- Wie groß ist Ihr Handlungsspielraum? Wie groß ist Ihr persönlicher Einfluss auf den Erfolg Ihrer Arbeit? Wer ist daran noch beteiligt? Welchen Anteil haben Sie daran zu verantworten?
- Würden Sie Teile Ihrer jetzigen bezahlten Arbeit auch ehrenamtlich verrichten? Wenn ja – welche Rahmenbedingungen würden Sie dann fordern?
- Wo ziehen Sie die Grenzen zwischen Arbeits- und Privatleben?
- Welche Alternativen haben Sie zu Ihrem jetzigen Arbeitsverhältnis?

Abschlussfrage: Stimmt bei Ihnen noch das Verhältnis von Geben und Nehmen?

Frauen und Männer I:
»Ich will doch nur dein Bestes ...«

Kollegen wollen nicht adoptiert werden

»Früher hatte ich zu meiner Kollegin ein ganz gutes Verhältnis. Ihr Lebensstil hat mir gut gefallen. Ihr Haus war zwar nur ein gewöhnliches Reihenhaus, aber der Garten war richtig schön verwildert. Einmal war ich zu Besuch, da hat sie mir immer was zu essen aufgenötigt. Das war mir wirklich zu viel. Dann hat sie mir noch Äpfel aus dem eigenen Garten mitgegeben, das war ja wie bei meiner Mutter, da kam ich ohne zwei Äpfel auch nicht weg. Aber ich habe auch einen Fehler, ich bin so schulmeisterlich – ich verbessere sie ständig, das ist schon auch ein Fehler von mir.«

Sozialarbeiter, Ende 20, Geschäftsführer eines kleinen Vereins für Hortarbeit, beschreibt seinen Konflikt zu seiner ehrenamtlichen Vereinsvorsitzenden, Sozialarbeiterin, Ende 40.

Hier geht es eigentlich nicht um Äpfel, sondern um das Thema Mutter und Sohn. Zwar sind die Witzseiten der Illustrierten voller Anspielungen auf Liebe im Büro, aber weit mehr läuft auf der mütterlichen (und väterlichen) Ebene. In dem obigen Beispiel hätte die ehrenamtliche Vereinsvorsitzende gerne einen mütterlichen – keinen sexuellen – Kontakt zu ihrem jugendlichen Angestellten. Das würde ihrem Leben einen neuen »Kick« verpassen und sie persönlich aufwerten. Aber dieser wehrt die Annäherungsversuche mit Schulmeisterei gewaltsam ab. Es kommt zum Konflikt, ohne dass den beiden die Gründe dafür bewusst sind.

Aber auch älteren Männern geht es häufig nicht besser. Viele von ihnen träumen von einer jungen Kollegin, die sie auf Dienstgängen begleitet. Unterstellen wir ihnen, dass sie keine sexuellen Absichten hegen, sondern sich nur im Glanz der Jugend sonnen möchten. Vielleicht erhoffen sie sich, dass ihr »Lebenswerk« von der jungen Kollegin fortgesetzt oder zumindest gewürdigt wird.

Frohgemut wollen sie ihren jahrzehntealten Erfahrungsschatz (?) ihrer jungen Kollegin vermachen – aber die schlägt das Erbe glatt aus. Sie geht auf Distanz und kritisiert die von ihrem älteren Kollegen geleistete Arbeit, nur um sich der unerwünschten Zudringlichkeiten zu erwehren. Eine emotionale Verstrickung kippt so unbemerkt in eine inhaltliche Auseinandersetzung um. Tabuisierte Gefühlsambivalenzen finden sich dann auf dem neuen Schlachtfeld der Arbeitsorganisation oder Zielfindung wieder. Die Verwirrung ist programmiert.

Als dritte und vierte Variante gib es noch die Beziehungen *Mutter–Tochter* und *Vater–Sohn*. Bei allen vier Strukturen besteht das Risiko, dass die Energiequelle der Konflikte den betreffenden Personen nicht bewusst ist: die unterschiedlichen Wünsche nach Nähe und Distanz. Der Streit wird dann zum Selbstzweck – man wehrt sich, weiß aber nicht so richtig gegen was. Bei diesem Schattenboxen sind starke emotionale Verletzungen zu erwarten.

Viele Teams ähneln Familien

Grundsätzlich sind Arbeitsstellen versorgende Einrichtungen. Sie sichern den Lebensunterhalt mit regelmäßigen Gehaltszahlungen und strukturieren mit Arbeits- und Urlaubszeiten das Leben. Für viele Mitarbeiter sind sie deshalb ein ähnlich wichtiger Anker wie die Familie. Außerdem erfährt man am Arbeitsplatz häufig Nähe, Zuneigung und Bestätigung. Für viele, vor allem wenn sie keinen großen Freundeskreis besitzen, ist die Arbeitsstelle tendenziell ein Familienersatz. Und selbst für die gut Verheirateten gilt: Man verbringt mit den Kollegen mehr Zeit als zu Hause im Kreise seiner Lieben. Die Muster von Familienstrukturen, die wir alle seit unserer Kindheit verinnerlicht haben, beeinflussen deshalb die Dynamik in vielen Betrieben. Wenn Arbeitsbeziehungen zu scheitern drohen, ohne dass wirklich schwerwiegende inhaltliche »Knackpunkte« im Vordergrund stehen, sollten Sie sich überlegen, ob in Ihrem Team vielleicht unbewusst ein Familienkonflikt mitschwingt.

Aber selbst in Familien ist nicht immer Harmonie angesagt. Deshalb gibt es in Arbeitsstellen auch herrschsüchtige Papas, dominante Mamas und sich widersetzende und aufmüpfige Kinder. »Kinder« (eigentlich Kollegen) sollen den Wünschen der Mütter und Väter entsprechen, Eltern (eigentlich Kollegen) die gewünschte emotionale Unterstützung liefern.

Zeichen für Familienstrukturen am Arbeitsplatz

- Kollegen kommen während ihres Urlaubes »auf einen Plausch« in die Firma.
- Abwehr und Distanzierungen von Kollegen, für die sich nur wenige rationale Sachargumente finden.
- Intensive Wünsche nach Wertschätzung gegenüber Kollegen bzw. das Beklagen von Undankbarkeit.
- Hohe Altersunterschiede im Team. Sie begünstigen tendenziell Konflikte nach dem Muster Mama, Papa und Kind.
- Wenn Sie eine Kollegin oder ein Kollege besonders nervt, kann es auch daran liegen, dass Sie sie oder ihn unbewusst als Mutter oder Vater wahrnehmen.
- Werden Sie hellhörig, wenn die Formulierung fällt »Ich will doch nur dein Bestes …«. Dann dürften Emotionen mitschwingen, die über die Bewältigung der Alltagsarbeit weit hinausgehen.

So lösen Sie die Bremse

- Machen Sie sich Ihre Empfindungen bewusst. Kindliche, mütterliche und väterliche Gefühle sind keine Schande. Manchmal sind sie im Teamalltag höchst lästig – gelegentlich aber sogar sehr befruchtend.
- Eine Familiendynamik offen anzusprechen führt vielleicht zur Abwehr (»Ich lasse mich von dir nicht psychologisieren«). Fragen Sie lieber nach, was den Ärger ausgelöst haben könnte.
- Versuchen Sie, die Bedürfnisse nach Nähe und Distanz innerhalb des Teams zu klären. Wo liegt die Grenze zwischen Berufs- und Privatsphäre?

- Hängen Sie die Latte Ihrer emotionalen Zufriedenheit nicht zu hoch. Je mehr Aufmerksamkeit und Sensibilität Sie sich von Ihren Kollegen wünschen, desto höher ist das Risiko, dass Sie enttäuscht werden. Hingegen sind Sie bei geringeren Erwartungen weniger leicht verletzbar.
- Definieren Sie für sich selbst, wie Sie Beruf und Freizeit trennen.
- Versuchen Sie nach einer Beziehungsklärung zur Sachebene zurückzufinden.

Frauen und Männer II: »Für dich mache ich alles!«

Schneewittchen verliebt sich im Büro

Die Schneewittchen-Position

Kennen Sie das Märchen vom Schneewittchen? Schneewittchen lebt hinter den sieben Bergen glücklich zusammen mit den sieben Zwergen. Gleichmäßig verschenkt sie ihr Wohlwollen und ihre Zuneigung an ihre kleinen Bewunderer, niemand wird von ihr bevorzugt oder benachteiligt. Diese wunderbare und stabile Beziehung würde erst dann massiv gestört werden, wenn Schneewittchen einen der sieben Zwerge bevorzugen und mit ihm eine sexuelle Liebesbeziehung beginnen würde. Der Neid der sechs verschmähten Lover würde dem Liebespaar schwer zusetzen. Schneewittchen müsste wahrscheinlich ihr Paradies verlassen.

Auch in vielen Arbeitsbeziehungen gibt es Schneewittchen. Das sind Personen (es gibt gelegentlich auch eine männliche Variante des Schneewittchens, zum Beispiel den »Hahn im Korb«), die, im Mittelpunkt stehend, von allen Personen gemocht und als Vertrauenspersonen geachtet werden. Manchmal sind es Betriebsräte, nicht selten auch Sekretärinnen, die zu allen Kollegen mehr oder minder gleich intensive freundschaftliche Kontakte unterhalten. Dabei stören sich die männlichen Kollegen nicht daran, wenn ihr Schneewittchen verheiratet ist – vorausgesetzt, der Liebhaber ist nicht Teil des Systems Arbeitsplatz. Was das Schneewittchen in seiner Freizeit treibt, ist ihnen egal, solange der Ehemann die Harmonie im Betrieb nicht stört. Sollte sich aber das Schneewittchen in einen der Kollegen verlieben, dann muss es damit rechnen, dass es sich den Zorn der »verschmähten Zwerge« zuzieht.

Liebe im Betrieb ist sehr konfliktträchtig, da sie häufig das sorgsam aufgebaute Loyalitätengefüge am Arbeitsplatz stört. Besonders wenn die Liebespartner aus verschiedenen Hierarchieebenen stammen, wird das Arbeitsklima beeinträchtigt. Denn von Verliebten kann man nicht erwarten, dass sie die Arbeitsleistung der Kollegen objektiv beurteilen und sich dabei nicht von ihrem Partner beeinflussen lassen oder ihnen gegenüber absolut verschwiegen sind. Das Umfeld der Liebenden fürchtet deshalb nicht zu Unrecht objektive Benachteiligungen.

Zeichen für emotionale Bindungen

Zeichen gibt es mehr, als das Liebespaar sich vorstellen kann! Die Kollegen registrieren kleinste Zuneigungen sehr sensibel und neigen tendenziell eher zur Übertreibung statt zur Verharmlosung.

So lösen Sie die Bremse

Decken Sie die neue Beziehung lieber selbst auf, bevor sie von anderen entdeckt wird. Fragen Sie die Kollegen danach, welchen Einfluss ihre neue Liebe auf das Betriebsklima haben könnte. Möglich, dass langfristig einer der Liebespartner die Abteilung oder gar die Firma verlassen muss – Liebe hat eben ihren Preis. Aber »Für dich mache ich alles!«

»Mein Kollege ist ein Wohl-Täter«

Konfliktvermeidung

Herr Huber ist als Lehrer einer Grundschule mit 12 Unterrichtsklassen für den Stundenplan zuständig. Jede Klasse wird von einem Klassenlehrer geführt und besitzt ihr eigenes Klassenzimmer. Acht dieser Unterrichtszimmer liegen zur stark befahrenen Straßenseite, vier hingegen zur ruhigen Hofseite. Verständlich, dass jeder Klassenlehrer ein Zimmer zum Hof bevorzugt. Im Laufe des Schuljahres versuchen deshalb einige Lehrer mit Einzelgesprächen bei Herrn Huber für das kommende Schuljahr zu erreichen, dass ihnen bei der Neuverteilung der Unterrichtsräume ruhige Hofzimmer zugeteilt werden. Da Herr Huber Konflikten gerne aus dem Weg geht, macht er nacheinander sieben Lehrern das Zugeständnis zu einem Hofzimmer. Mit Beginn des neuen Schuljahres schlägt aber die »Stunde der Wahrheit«: Es fehlen ihm drei Hofzimmer, die er zugesagt hatte. Drei Lehrer muss er jetzt enttäuschen. Sie sind so wütend auf ihn, dass sie ihn öffentlich als unfähig bezeichnen und eine weitere Zusammenarbeit ablehnen.

So grotesk das Beispiel klingt, der »Wohl-Täter« ist öfters anzutreffen. Ihm sind gute und harmonische Beziehungen zu den Kollegen wichtiger als das Nachdenken über die vorhandenen und begrenzten Ressourcen. Für den Arbeitsfrieden ignoriert er die Gesetze der Logik. Für ihn gilt die paradoxe Aussage: Wer sich *nicht* in Gefahr begibt, der kommt in ihr um. Feigheit macht sich nicht bezahlt, denn Interessenkonflikte lassen sich nicht wegharmonisieren. Das meinen auch die Sprichwörter: »*Allen Menschen Recht getan, ist ein Ding, das niemand kann*« oder »*Gut gemeint ist das Gegenteil von gut getan*«.

Woran erkennt man den »Wohl-Täter«?

Der »Wohl-Täter« meint es zwar immer gut, ist aber trotzdem ein Täter, da er seinen Kollegen letztlich schadet. Man erkennt ihn an folgendem Verhalten:

- Er sucht Anerkennung. Mit seinen »Wohl-Taten« möchte er gefallen.
- Ihm ist es unangenehm, jemandem einen halbwegs begründeten Wunsch abzuschlagen.
- Er lässt sich ungern festlegen.
- Da er die öffentliche Auseinandersetzung scheut, trifft er viele Regelungen bevorzugt im Zweiergespräch.
- Er lässt sich Versprechungen abhandeln, die er langfristig nicht einhalten kann.
- Er versteht nicht, warum er immer Ärger auf sich zieht. Er hatte es doch »nur gut gemeint«.
- Er fühlt sich häufig verunsichert. Deshalb versucht er, zukünftig Konflikte noch mehr zu vermeiden.

So lösen Sie die Bremse

Sie sind der »Wohl-Täter«:

- Versuchen Sie nie Entscheidungswege abzukürzen, indem Sie Fragestellungen, die alle angehen, diskret in der Zweierrunde lösen. Man wird Ihnen später mindestens »Mauscheleien«, wenn nicht gar Betrug vorwerfen.
- Machen Sie sich Ihre Handlungsgrenzen bewusst und legen Sie diese gegenüber Ihrem Fragesteller offen.
- Äußern Sie Verständnis für die Wünsche der Fragesteller, aber versprechen Sie nie mehr als Sie verantworten können.
- Delegieren Sie lieber Entscheidungen an die nächste Mitarbeiterkonferenz, bevor Sie sich ins Unrecht setzen.

Sie sind das potenzielle Opfer des »Wohl-Täters«:

- Da der »Wohl-Täter« in der Regel an seine guten Absichten glaubt, dürfen Sie ihm keinen Betrug unterstellen. Er wäre sonst ernstlich beleidigt.
- Versuchen Sie Ihren »Wohl-Täter« so weit zu bringen, dass er seine Zusagen schriftlich bestätigt. Am besten schon einen Textentwurf mitbringen.
- Oder schreiben Sie nach dem Gespräch mit dem »Wohl-Täter« darüber eine kurze Aktennotiz, die Sie ihm und vielleicht auch anderen Kollegen in das Fach legen. Wenn er dieser nicht widerspricht (beim »Wohl-Täter« unwahrscheinlich), können Sie dies als Zustimmung werten. Die Aktennotiz ist zwar nicht so verbindlich wie eine Unterschrift, legt den »Wohl-Täter« aber trotzdem fest.
- Machen Sie die Geheimniskrämerei Ihres »Wohl-Täters« nicht mehr mit. Informieren Sie Ihre Kollegen über die Gespräche mit ihm.

»Ich hätte nicht gedacht, dass du so bist!«

Enttäuschungen verstellen den Blick auf Konfliktursachen

Fred und Elke arbeiten seit kurzem als Sozialpädagogen in einem Heim für verhaltensauffällige Kinder. Sie finden sich beide nicht unsympathisch und haben sich schon einige Male für kleinere Freizeitaktivitäten verabredet. Trotzdem kommt es zu folgender Auseinandersetzung:

Fred: »Hast du mit dem Kind X gestern Hausaufgaben gemacht?«

Elke: »X ging es gestern nicht so gut, der war zu nervös, da bin ich mit ihm zum Spielplatz gefahren.«

Fred: »Wie soll X jemals lernen, seine Hausaufgaben zu machen, wenn du dich mit ihm vergnügst?«

Elke: »Ich habe mich nicht vergnügt, ich habe ihm geholfen, seinen Stress zu bearbeiten. Der X ist zurzeit absolut nervös.«

Fred: »Wenn X die Schule nicht schafft, wird er noch nervöser werden. Ohne Schulabschluss gibt es auch keine Lehrstelle. Der freie Nachmittag kann ihm langfristig teuer zu stehen kommen!«

Elke: »Du bist ein Formalist. Du denkst nur an Zeugnisse, aber nicht daran, wie es dem Kind jetzt wirklich geht! X ist total fertig, der konnte gestern einfach nicht mehr Hausaufgaben machen – soll ich ihn vielleicht prügeln? Wärst du dann zufrieden?«

Fred: »Du sollst nicht prügeln, sondern deine Arbeit korrekt erledigen …«

Elke: »Ich hätte nicht gedacht, dass du so bist! Du bist ein ekelhafter Bürokrat …«

Sachfragen kippen ins Persönliche um

Spätestens jetzt haben beide einen persönlichen Konflikt. Die gegenseitige Abwertungsspirale hat begonnen. Aus der zunächst harmlosen *Sachfrage* nach den Hausaufgaben entstehen pauschale und *persönliche Zuschreibungen* der Mitarbeiter untereinander. Der Konflikt wechselt die Ebene und geht unter die Haut. Jetzt werden Kränkungen folgen, die in noch schwerere persönliche Beleidigungen münden können. Vielleicht wird aus dem Formalisten noch ein »Stalinist« oder »Faschist«, aus der Verantwortungslosen eine »stinkfaule Arbeitsverweigerin«. Gegenseitige Akzeptanz und Verständnis, eine wichtige Voraussetzung für die gemeinsame Bewältigung des Arbeitsalltages, sind zerstört.

Konfliktursache 1: Unterschiedliche Prioritäten

Anscheinend haben sich Elke und Fred noch nicht darüber verständigt, ob Leistung oder Entspannung, Hausaufgaben oder Spielplatz für X wichtiger sind. Beides gleichzeitig ist anscheinend nicht erreichbar. Beide Ansätze, Leistung oder Entspannung, haben ihre grundsätzliche Berechtigung. Über diese *Sachfrage* muss ein Kompromiss erzielt werden. Vor- und Nachteile der beiden Interventionsformen müssen diskutiert und verglichen werden.

Außerdem haben Elke und Fred unterschiedliche Zeithorizonte: Während Elke auf kurzfristige Entspannung setzt, denkt Fred ausschließlich an die zukünftige Lehrstelle. Hier wird offensichtlich aneinander vorbeigeredet. Bevor es zu einer Klärung kommen kann, müssen beide akzeptieren, dass der Arbeitspartner kein Unmensch, sondern eine reflektierende Persönlichkeit mit eigenen Ideen ist.

Der Konflikt um unterschiedliche Prioritäten (Prioritätenkonflikte gibt es natürlich auch außerhalb des Erziehungsbereichs. Grundlagenforscher und Anwender, Marketing-Experten und Verkäufer, Ärzte und Krankenpfleger bekämpfen sich häufig nicht nur fachlich, sondern garnieren ihre Auseinandersetzungen mit persönlichen Abwertungen.) kommt besonders häufig unter sehr engagierten Mitarbeitern vor. Sie kämpfen dann so verbissen und mit Sendungsbewusstsein um ihre fachliche Position, dass ihnen weder Missverständnisse noch persönliche Hiebe, die sie austeilen, bewusst werden.

Statt gegenseitigen persönlichen Verunglimpfungen und Attacken ist ein kreativer Wettstreit der Ideen angesagt. Elke und Fred müssen deshalb den Weg zurück zur inhaltlichen Klärung gehen, indem sie

- die aktuelle Situation von X beschreiben,
- Argumente sammeln, die für Leistung sprechen,
- Argumente sammeln, die für Entspannung sprechen,
- sich auf eine gemeinsame Strategie für X festlegen.

Konfliktursache 2: Enttäuschung

Elkes Bemerkung gegenüber Fred »Ich hätte nicht gedacht, dass du so bist!« drückt Enttäuschung aus. Anscheinend hat sie sich die Arbeit mit ihrem Kollegen lockerer vorgestellt. Vielleicht hat sie ihn idealisiert, den Blickwinkel auf den engagierten und väterlichen Kollegen verengt und seine zielorientierten Anteile ignoriert. Vielleicht hat sie ihn früher nur als Kumpel oder Freund gesehen, anstatt auch als rational-strategisch denkenden Mitarbeiter einer Arbeitsstelle. Jetzt empfindet sie plötzlich Fred menschlich ekelhaft, da er einen anderen Weg als sie vorgibt. Naturgemäß wird in pädagogischen Berufen (Erzieher, Sozialarbeiter, Lehrer etc.) mehr in Familienstrukturen gedacht. Nähe und Gemeinschaft scheinen wichtiger als strategisches, auf Ziele ausgerichtetes Verhalten. Trotzdem dürfen nicht nur Emotionen die tägliche Arbeit bestimmen – das wäre nicht professionell. Fred braucht in seinem Beruf mehrere Eigenschaften zugleich: Abgrenzung und Mitgefühl, strikte Konsequenz und Verständnis, Kopf und Bauch.

Fred wiederum scheint über Elke verärgert zu sein, da sie mit X wieder (!?) auf den Spielplatz gefahren ist, anstatt Hausaufgaben zu machen. Trotzdem sollte er seiner Kollegin nicht unterstellen, dass sie nur das eigene Vergnügen im Auge habe. Er wertet sie damit persönlich ab und zerschlägt das aufgebaute »gemeinsame Porzellan«, bevor er Elkes Beweggründe aufgenommen hat. Anscheinend ist auch Fred von seinem Frust getrieben und nicht so sachlich-strategisch, wie er das gerne wäre.

Offensichtlich sind beide auf eine Auseinandersetzung nicht vorbereitet. Plötzlich sind alle Sympathien verflogen. Der Frust nimmt ihnen den souveränen Überblick, den sie jetzt dringend bräuchten, um gemeinsam eine Konfliktlösung zu erarbeiten. Der Teamalltag besteht leider nicht nur aus kuscheliger Nähe, sondern auch aus knallharten Herausforderungen.

So lösen Sie die Bremse

Emotionen wie Frust und Enttäuschung bestimmen unseren Arbeitsalltag. Manchmal versteifen sie sich zu Schlagworten, die dem Gegner um die Ohren gehauen werden. Im Kampfgetümmel gehen dann aber Gemeinsamkeiten und Lösungswege verloren. Machen Sie sich nicht zum Spielball von irrationalen Abläufen. Nehmen Sie Einfluss auf die Prozesse Ihres Teams:

- Beobachten Sie Ihre Gefühle, die Sie am Arbeitsplatz empfinden. Sie können dadurch viel über die Dynamik Ihres Teams erfahren.
- Lassen Sie es nicht zu, dass »emotionales Porzellan zerschlagen« wird. Versuchen Sie unbedingt persönlichen Frust und Animositäten von Sachfragen zu trennen!
- Geben Sie Ihrem Kollegen die Chance, ohne Ihre Vorurteile mit Ihnen zu arbeiten.
- Zuhören ist besser als totreden. Versuchen Sie nicht Ihre Kollegen gewaltsam von Ihren Auffassungen zu überzeugen. Sie kommen sonst rasch in eine abfallende »Besserwisser-Abwehr-Spirale« hinein. Versuchen Sie stattdessen die Argumente der »Gegenseite« zu verstehen. Das bedeutet noch lange nicht, dass Sie diese auch akzeptieren, sondern nur, dass Sie bereit sind, anderen Gedankengängen zu folgen. Ihre eigene Meinung müssen Sie deshalb nicht aufgeben.
- Trotz aller Nähe und Sympathie zu den Kollegen: der Arbeitsplatz ist keine zweite Familie. Strategisch-berechnende Überlegungen liegen innerhalb der beruflichen Spielregeln und gehören zur Professionalität. Nehmen Sie es nicht von vornherein übel, wenn sachlich-emotionslos gedacht wird.

- Beschreiben Sie Ihren Arbeitsauftrag mit den fünf wichtigsten Stichworten. Bitten Sie Ihre Kollegen, das gleiche zu tun. Vergleichen Sie jetzt die Stichworte, beobachten Sie die unterschiedlichen Akzentsetzungen und sprechen Sie darüber.
- Nehmen Sie sich die Zeit, um für einzelne Aufgaben die Ziele festzulegen. Unterscheiden Sie dabei in kurzfristige und langfristige Ziele.
- Gestehen Sie sich Ihre Enttäuschungen und Kränkungen ein, ohne auf ihnen für immer sitzen zu bleiben. Haben Sie trotz allem den Mut zu einem Neuanfang.
- Suchen Sie zur Vermittlung einen Außenstehenden, zum Beispiel einen Kollegen der Nachbarabteilung, den Betriebsrat oder einen Supervisor.

»Unser Chef ist eine Null und außerdem schätzt er uns nicht«

Erwartungen widersprechen sich

Die Mitarbeiter des sozialpsychiatrischen Beratungsdienstes beklagen sich in den Supervisionssitzungen häufig über ihren Vorgesetzten. Schlecht organisiert, fachlich inkompetent, narzisstisch und karrieregeil sei er und ohne Mitgefühl für seine Mitarbeiter. Die »problematische Persönlichkeit« des Chefs wird immer wieder analysiert und um zahlreiche psychiatrische Krankheitsbilder erweitert. Für das Team ist er der »schwierigste Klient«. Viel Energie und wertvolle Arbeitszeit wird dadurch gebunden. Als Außenstehender geht man davon aus, dass es sich bei der Leitungskraft um eine offensichtliche Fehlbesetzung handelt. Doch plötzlich fällt der Satz »Unser Chef ist eine Null und außerdem schätzt er uns nicht«. Diese Bemerkung überrascht. Kann denn die Wertschätzung eines Vorgesetzten, den man soeben als Null und Psychopathen beschrieben hat, überhaupt wichtig sein?

Zeichen für sich widersprechende Erwartungen

Wenn die Einzelteile einer Kommunikation zusammen kein halbwegs schlüssiges Bild ergeben, liegen Widersprüche vor. Widersprüche sind Wegweiser, die auf tiefer liegende Konfliktursachen hinweisen. Zum Beispiel achtet man das Wort eines Menschen, den man schätzt. Auf das Lob eines Versagers kann man dagegen, so sollte man meinen, gut verzichten. Gelingt es trotzdem nicht, dann liegen diffuse und verdeckte Empfindungen vor, die das Arbeitsklima beeinflussen. In unserem Fall sind folgende Widersprüche und Ambivalenzen sichtbar:

- Die Mitarbeiter des sozialpsychiatrischen Beratungsdienstes erwarten eine Wertschätzung, die sie selbst ihrem Chef (»der Null«) nicht geben können. Wenn das Sprichwort »Wie man in den Wald hineinruft, so tönt es heraus« seine Gültigkeit besitzt, dann ist nach den massiven Abwertungen durch die Mitarbeiter kein anderes Verhalten des Chefs zu erwarten.

- Selbst wenn die Mitarbeiter die erhoffte Anerkennung bekämen, würde sie wahrscheinlich von ihnen nicht angenommen werden. Lob würde als Bestechung, Schleimen etc. abqualifiziert. Wen freut schon das Lob einer »Flasche« oder eines »Psychopathen«?
- Wenn die Anerkennung trotzdem gesucht wird, ist dies ein Zeichen dafür, dass das Team an seinem Chef hängt. Es besteht eine tiefe emotionale Beziehung zu ihm, obwohl man ihn laufend abwertet. Das Team sucht seine Nähe und stößt ihn gleichzeitig zurück. Die Botschaften an den Vorgesetzten sind doppelbödig und widersprüchlich – die Reaktionen des Chefs werden es auch sein. Die Verwirrung ist perfekt.

Offensichtlich stimmt hier die Kommunikation zwischen Chef und Team nicht.

Welche Konfliktursachen sind denkbar?

- Das Team ist **über den Wert der eigenen Tätigkeit verunsichert**. Da es vom Chef keine Aufmunterung erhält, werden Versagensängste auf ihn projiziert. Das Team sucht sich einen Sündenbock und der Vorgesetzte ist so unbeholfen, dass er sich dieser Zuschreibung nicht entziehen kann. Vielleicht ist der Chef aber besser, als das Team glaubt. Mehr Kommunikation könnte das Arbeitsklima vielleicht etwas verbessern.
- Das **Team hat sich selbst verwirrt**, da es den Chef mal als Vorgesetzten, dann wieder als behandlungsbedürftigen Psychopathen sieht. Es findet deshalb keinen Weg, wie es mit ihm geschickt umgehen kann.
- Das **Team schätzt immer noch teilweise seinen Chef als Autorität**. Obwohl es an ihm zu Recht viele Fehler entdeckt hat, kann es sich von ihm nicht lösen.

- Das **Team findet keine Möglichkeit, den Chef aus der täglichen Arbeit herauszuhalten.** Entweder lässt der Vorgesetzte
  dem Team keine Chance dazu oder das Team kann sich nicht
  klar genug abgrenzen. Wahrscheinlich lähmen sich die Mitarbeiter gegenseitig.

So lösen Sie die Bremse

Hier gibt es nicht nur eine, sondern viele Bremsen. Trotzdem gibt
es Erfolg versprechende Ansatzpunkte. Tipps für einen Strategie-
plan:

- **Analyse des Ist-Zustandes:** Lassen Sie es nicht mehr zu, dass
  die wertvollen Teamsitzungen mit dem Abladen von Frust und
  mit Psychologisieren vergeudet werden. Bringen Sie Ihr Team
  zu Handlungen. Erstellen Sie zum Beispiel im Team zwei Tabel-
  len: eine mit den Stärken und Schwächen des Chefs, eine mit
  denen des Teams. Sie erhalten dadurch zwei Leistungsprofile
  und erkennen Gemeinsamkeiten und Unterschiede des Teams.

Chef		Team	
Stärken	Schwächen	Stärken	Schwächen
Xy	Xyxyx	Xyxyxy	Xy
Xyxy	Xyxyxy	Xyxy	Y
Y	Xyxy	Xyxyxy	

- **Eigene Grenzen erkennen:** Gehen Sie davon aus, dass Sie Ihren
  Chef nicht therapieren können. Selbst wenn Sie ausgebildeter
  Therapeut sind, sollten Sie Ihren Chef immer als Vorgesetzten
  und nicht als Patienten sehen. Man kann nicht auf zwei Hoch-
  zeiten tanzen. Sparen Sie Ihre Kräfte für die Teamprozesse.
- **Gewünschten Abstand festlegen:** Überlegen Sie sich im Team,
  wie viel Nähe oder Distanz Sie sich zu Ihrem Vorgesetzen wünschen. Gestalten Sie vorläufig den Abstand lieber zu weit als zu
  eng.

- **Sachzwänge ausloten**: Leider muss man auch mit schwierigen Vorgesetzten zusammenarbeiten. Die Frage ist nur, wie intensiv? Suchen Sie Möglichkeiten, um den Kontakt auf ein Minimum zu beschränken. Vielleicht reicht gelegentliche Information.
- **Ziele festlegen:** Bereiten Sie im Team Verhandlungen mit Ihrem Chef gründlich vor. Legen Sie im Team Minimal- und Maximalziele fest. Dabei sind nicht nur Sachfragen, sondern auch Emotionen zu klären: Wie viel Beziehung und Nähe wollen Sie zu Ihrem Vorgesetzten zulassen – wie groß soll der Abstand zu ihm sein?
- **Kommunikation verbessern:** Versuchen Sie den Kontakt mit ihm möglichst vorurteilsfrei, rational, ruhig und sachlich zu gestalten. Das liegt im Interesse aller.
- **Versuchen Sie sich in die Lage Ihres Chefs hineinzuversetzen**. Dies bedeutet natürlich nicht, dass Sie seine Handlungen akzeptieren. Aber Sie haben viel gewonnen, wenn Sie seine Beweggründe erfassen können.
- **Suchen Sie für Ihr Team Hilfe von außen, zum Beispiel Supervision.** Mit einem Außenstehenden bestehen mehr Chancen, die Knoten zu lösen.

Die wichtigsten Punkte der Bremse 2

Zu hohe Erwartungen an die Gemeinschaft

Grundsätzlich sind Einsatzbereitschaft, emotionale Nähe und Engagement am Arbeitsplatz positive Eigenschaften. Trotzdem sollten Sie Ihrem Team keinen Blankoscheck ausstellen – der Preis könnte zu hoch werden. Wer sich für sein Team »aufopfert«, muss zumindest das Risiko des Fehlschlags von vornherein mit einkalkulieren. Im Team ist es ebenso wenig sinnvoll wie an der Börse oder gar im Spielkasino, alles auf eine Karte zu setzen. Totalverlust ist sonst nicht ausgeschlossen. Ihr Engagement braucht klare Grenzen. Die Nähe im Team sollte deshalb immer mit kritischer Distanz gepaart sein, denn sie birgt Risiken:

- **Zu viel Nähe mindert den Überblick:** Wer immer an einer Sache klebt, verengt sich den Blickwinkel und verliert die Übersicht. Das führt zu Fehleinschätzungen. Der *»Wohl-Täter«* (s. S. 54 ff.) übersieht die formalen Rahmenbedingungen, weil er die (Pseudo-?)Harmonie im Team nicht stören möchte und Konflikte scheut. Der Ärger bleibt aber nicht aus. Auch bei *»Ich hätte nicht gedacht, dass du so bist!«* (s. S. 57 ff.) wirft ein Vorfall die Beteiligten unerwartet aus ihrer guten Stimmung. Sie rutschen hilflos in einen Konflikt, da sie nicht rasch genug den Überblick über ihre sachlich-strategischen Positionen gewinnen können. Der Teamalltag besteht nicht nur aus kuscheliger Nähe, sondern auch aus knallharten Auseinandersetzungen. Wer darauf nicht vorbereitet ist, gerät schnell unter die Räder.
- **Unerwünschte Nähe wird abgewiesen:** Der Wunsch nach *väterlichen und mütterlichen Empfindungen am Arbeitsplatz* (s. S. 48 ff.) ist größtenteils unbewusst. Das macht die Teamdynamik besonders unkalkulierbar. Der Wunsch nach Nähe, der eine Kollegin oder einen Kollegen zur »Adoption« auswählt,

wird zur blockierenden Teambremse, wenn die Annäherung unerwünscht ist. Auch das verliebte »*Schneewittchen*« (s. S. 52 ff.) muss in der Regel teuer für die Freuden der Intimität bezahlen. Denn nur der bevorzugte »Zwerg« weiß die Liebe zu schätzen, während die anderen »Zwerge« sich benachteiligt fühlen dürften.

- **Widersprüchliche Nähe- und Distanzwünsche verwirren:** Bei der Bremse »Unser Chef ist eine Null ...« (s. S. 62 ff.) stößt ein Team seinen Chef zurück und braucht ihn doch. In einer so verdrehten Situation kann man sich nicht richtig verhalten. Das Team stellt sich damit selbst ein Bein.

- **Nähe ohne Distanz kann zum Burn-out führen:** Klingt paradox: Nur wer sich gut distanzieren kann, ist auch zur Nähe fähig. Wer in der *Arbeit sein Bestes gibt* (s. S. 44 ff.), braucht wieder neue Kraft zum Auftanken. Da diese nur teilweise im Beruf zu finden ist, braucht man zusätzlich Freunde, Familie oder Hobbys. Das psychische Gleichgewicht benötigt noch ein zweites Standbein außerhalb der Arbeit. Sonst sind Zuneigung und Engagement bald verbraucht, ein Burn-out die mögliche Folge.

Wenn Sie im Museum ein gutes Gemälde intensiv betrachten, gehen Sie mehrmals einige Schritte vor und zurück: Einmal, um Details wahrzunehmen, dann wieder, um den Überblick zu gewinnen. Wenn Sie immer nur an einer Stelle stehen bleiben, erhalten Sie keinen differenzierten Gesamteindruck. Auch Ihr Team braucht Bewegung und immer neue Perspektiven. Es wird richtig lebendig, wenn die einzelnen Teammitglieder öfters die Blickwinkel wechseln.

Bremse 3:
Diffuse Gesprächsführung
und taktische Fehler

»Eigentlich wollen wir alle das Gleiche, aber wir verstehen uns trotzdem nicht«

Taube, Falke und Vogel Strauß finden keinen gemeinsamen Nenner

Die Formulierung »eigentlich« sagt schon, dass es die gesuchte Gemeinsamkeit in Wirklichkeit gar nicht gibt. Gehen wir noch einmal zur Bremse: »Zynische Kollegen« (s. S. 23 ff.) zurück. Hier reden alle aneinander vorbei.

Zoff im Sekretariat. Alle sind überlastet und genervt – aber jeder drückt es anders aus:

Frau A: »Wenn wir die Vorgänge erst so spät bekommen, dann können wir sie nicht rechtzeitig bearbeiten. Das schaffen wir nie!«

Herr B: »Unser Abteilungsleiter hat keine Ahnung, der weiß gar nicht, was hier alles geleistet werden muss!«

Frau C: »Der Abteilungsleiter, der geht ja noch, aber sein neuer Assistent, das ist doch ein richtiger Sklaventreiber!«

Herr D: »Das hat uns doch die Abteilung B eingebrockt! Die haben sich wieder geschickt rausgezogen und uns die Arbeit aufgehalst.«

Frau E: »Mein Gott, wie könnt ihr euch nur so darüber aufregen!?« In unserer Firma konnte noch nie jemand planen, das war schon immer so und wird so bleiben! Wer sich da noch aufregt, ist selbst schuld!«

»Trotzdem« kein Verständnis im Team

Zwar empfinden alle den Arbeitsdruck und möchten ihn abstellen, aber jeder sieht dafür eine andere Problemursache und jeder hat eine andere Lösungsvorstellung.

	Problemursache	Allgemeine Lösungsvorstellung
Frau A:	Die *Vorgänge* kommen zu spät.	Die *Leitung* soll die Organisation verbessern, dann kommen die Vorgänge rechtzeitig.
Herr B:	Die *Abteilungsleitung* kümmert sich nicht.	*Abteilungsleitung* muss dazu gezwungen werden, die Verantwortung zu übernehmen.
Frau C:	Der *Assistent* ist bösartig und ängstigend.	*Team* sollte den Assistenten aus der täglichen Arbeit möglichst heraushalten.
Herr D:	Die *Abteilung B* hat sich gedrückt.	*Team* muss mit Abteilung B verhandeln und in die Pflicht nehmen.
Frau E:	Die *Firma* ist insgesamt unfähig. Die Mitarbeiter, die sich wegen der Arbeitsüberlastung beschweren, sind zudem einfältig, weil sie die Spielregeln noch nicht begriffen haben.	Neben der Zuflucht zum Zynismus gibt es keine Hoffnung außer Kündigung. Aber es gibt auch ein gutes Gefühl, wenn man glaubt schlauer zu sein als die Kollegen.

Die Verwirrung setzt sich bei den konkreten Handlungsschritten fort:

- Vielleicht möchte **Frau A** die Vorgesetzten bitten, die Vorgänge früher einzureichen.
- **Herr B** hingegen möchte nicht bitten, sondern die Verantwortung der Abteilungsleitung vehement einfordern. Er verabscheut das defensive Auftreten von Frau A gegenüber der Leitung. Es ist ihm zu zaghaft und zu opportunistisch.
- **Frau C** möchte am liebsten jeden Kontakt mit den Vorgesetzten vermeiden, da sie sich vor dem Assistenten fürchtet. Sie neigt deshalb zu dem Vorschlag von **Herrn D**, die Sache doch unauffällig mit der Abteilung B auszuhandeln.
- **Frau E** macht überhaupt keinen Lösungsvorschlag, sondern amüsiert sich über den Ärger ihrer Kollegen. Sie hat sich schon längst mit den Gepflogenheiten in dieser Firma abgefunden.

Frau A sagt jetzt vielleicht überhaupt nichts mehr, da sie der Opportunismusvorwurf von Herrn B verletzt hat. Dafür weiß Frau E einige Geschichten von früher zu erzählen, wo alles noch viel schlimmer war. Sie nimmt aber damit Herrn D die Chance, seinen Lösungsvorschlag, die Einbeziehung der Abteilung B, zu erläutern.

Taktischer Fehler Themensprünge

In diesem Team arbeiten alle gegeneinander. Von einem Thema wird auf das nächste gesprungen – aber keine Fragestellung wird bis zur Klärung bearbeitet. Jeder versucht seine Position durchzuboxen und steigert damit nur noch die Verwirrung. Der kleinste gemeinsamen Nenner zur Abwehr der Bedrohung wird nicht gefunden. Die Stimmung wird gereizter, die Mitarbeiter überkommen Gefühle der Verzweiflung.

Rollen im Team: Taube, Falke und Vogel Strauß

In einem Team, das in die Defensive geraten ist, gibt es drei mögliche Rollen:

- Der **Falke** (Herr B) treibt zum mutigen Angriff auf die Peiniger. Vor lauter Angriffslust vergisst er aber manchmal, an die Folgen seiner Handlungen zu denken.
- Die **Taube** (Frau A, Frau C und Herr D) sucht einen friedfertigen Weg der Konfliktlösung. Die Aggressivität der Falken ist ihr grundsätzlich unheimlich. Leider wartet die Taube oft zu lange, sodass andere für sie entscheiden.
- Der **Vogel Strauß** (Frau E) lässt die Tauben und die Falken miteinander ringen, ohne selbst Partei zu ergreifen. Er steckt den Kopf in den Sand und hofft, dass die Gefahr an ihm vorüber gehen möge. Auf seine Konfliktvermeidung ist er sogar noch stolz!

Zeichen für ein uneiniges Team

Obwohl alle »eigentlich« ein gemeinsames Problem haben, das zu lösen wäre, wird sich ein Team nicht einig, wenn:

- einige Teammitglieder sehr schnell reden oder monologisieren. Hier fehlt die Ruhe, sich andere Positionen anzuhören.
- Gesprächsthemen schnell gewechselt werden. Der gemeinsame rote Faden des Teams (»Über was reden wir hier eigentlich?«) verliert sich immer mehr.
- es zu Solidaritätsbekundungen (»das ist aber wirklich eine Schweinerei!«), aber nicht zu konkreten Hilfsangeboten (»wenn du zum Assistenten gehst, dann gehe ich mit!«) kommt.
- Teamdifferenzen zu lange mit der »Harmoniesoße« *Wir wollen alle das Gleiche«* zugeschüttet werden. Ein mühsam gefundener Konsens entpuppt sich plötzlich als »Missverständnis«. Die nervenaufreibende Diskussion geht dann in die nächste Runde.
- bei Teammitgliedern Kopfschmerzen und innere Unruhe auftreten.

So lösen Sie die Bremse

- Beteiligen Sie sich nicht am Abladen von Frust, sondern beobachten Sie stattdessen den Verlauf der Diskussion.
- Erforschen Sie bei allen Beteiligten die jeweiligen Sichtweisen und Beweggründe. Fragen Sie zum Beispiel:
  - **Herrn B**, mit welchen Druckmitteln er die Abteilungsleitung zur Räson bringen will (mal sehen, ob ihm etwas einfällt?).
  - **Herrn D**, wie er die aktuelle Stimmung in der Nachbarabteilung einschätzt.
  - **Frau E**, wie ihre aktuelle Problemlösung konkret aussieht, da ihre Geschichten von früher jetzt nicht hilfreich seien.
- Überlegen Sie sich, wer gerade im Team der *Falke*, die *Taube* oder der *Vogel Strauß* sein könnte. Damit werden Ihnen die Kräfteverhältnisse deutlicher.

- Stoppen Sie das Karussell, das von Kränkungen, Vermeidungen und lauten Selbstgesprächen angetrieben wird und das die Problemlösung für Ihr Team verhindert. Fassen Sie stattdessen den Diskussionsprozess kurz zusammen. Lassen Sie sich bestätigen, ob Sie die unterschiedlichen Positionen richtig verstanden haben. Zum Beispiel: »Sehe ich richtig, dass Herr B der einzige ist, der ein offensives Vorgehen gegen die Leitung befürwortet?« Helfen Sie Ihren Kollegen, die unterschiedlichen Standpunkte zu überblicken.
- Zeigen Sie Gemeinsamkeiten auf. Das Team findet dann schneller den kleinsten gemeinsamen Nenner trotz einzelner Differenzen.
- Wenn die Teamentscheidung nur durch eine Abstimmung zu erreichen ist, müssen Minderheitenmeinungen gewürdigt werden. Auch wer überstimmt wurde, hat Wertschätzung verdient! Wenn einzelne Teammitglieder sich übergangen fühlen, lodern die Teamdifferenzen bei nächster Gelegenheit gleich wieder auf.
- Halten Sie Diskussionsergebnisse auf einem Flipchart fest.

Tipp gegen Vielredner

Nachfragen statt Statements

Gegen einen Vielredner kann man nicht anreden – man würde sonst selbst zum Vielredner werden. Stoppen Sie ihn dagegen durch Zuhören und sachliches Nachfragen. Zwingen Sie ihn, die »verbalen Schnellschüsse« mit Argumenten zu unterfüttern. Zum Beispiel: »Können Sie mir erklären, wie Sie zu Ihrer Aussage kommen?« Das macht Druck, verunsichert und zwingt zum Nachdenken.

»Ihr seid alle faule Schweine!«

Abwertungen bringen soziale Isolierung

Frau H. ist empört. Sie ist Mitarbeiterin der Personalabteilung und soll alleine alle Überstundenabrechnungen erledigen, nachdem sich eine Kollegin in den Bildungsurlaub, eine andere krank und eine weitere wegen angeblich vordringlicherer Tätigkeiten abgemeldet hat. Sie bleibt nun alleine auf den Abrechnungen sitzen und muss die Firmenangehörigen, die schon etwas genervt auf ihre Zahlungen warten, vertrösten. Verständlich, dass sie sich da von ihren Kolleginnen im Stich gelassen fühlt. Besonders verletzt sie, dass diese auf ihre Vorhaltungen nur mit »Ich hatte eben Wichtigeres zu tun« reagieren. Sie explodiert und schimpft lauthals »Ihr seid alle faule Schweine!«.

Abwertungen bringen keine Verhaltensänderung, sondern nur soziale Isolierung

Wenn Frau H. schon öfter unter ihren »faulen« Kolleginnen gelitten hat, dann ist ihre Reaktion zwar nachvollziehbar, aber für ihre Interessen nicht hilfreich. Denn ihr Ziel kann doch nur sein, dass diese künftig mehr Verantwortung übernehmen und mehr arbeiten. Das erreicht sie aber mit ihren Angriffen nicht. Vielmehr wird sie mit ihren Beschuldigungen nur ins Abseits gedrängt werden. Dabei nützt es Frau H. nichts, ob ihre Kollegen wirklich faul sind oder nicht. In beiden Fällen wird sie heftigen Gegenwind verspüren.

Was passiert, wenn Frau H. ihre Kolleginnen als »faule Schweine« bezeichnet?

	Annahme 1: **Die Wut auf die Kolleginnen ist sachlich gerechtfertigt**	Annahme 2: **Die Wut auf die Kolleginnen ist sachlich *nicht* gerechtfertigt**
Mögliche Empfindungen der Kolleginnen	Die Kolleginnen fühlen sich ertappt, da sie sich der Arbeit entzogen haben.	Die Kolleginnen fühlen sich beleidigt.
Mögliche Erklärungsversuche der Kolleginnen	Frau H. möchte sich als Chefin oder »Kontrolletti« aufspielen – ihr geht es nur um Macht. Wahrscheinlich möchte sie sich mit ihren Angriffen bei der Geschäftsleitung profilieren. Frau H. hat persönliche Probleme.	Der Bildungsurlaub, die Krankheit und die »vordringlichen Tätigkeiten« sind wichtiger als die Überstundenabrechnungen. Sie empfinden deshalb Frau H. als fachlich inkompetent. Frau H. hat persönliche Probleme.
Mögliches Verhalten der Kolleginnen	Sie lassen sich auf keine Diskussion mit ihr ein. Um ihr latent schlechtes Gewissen zu beruhigen, neigen sie zu Gegenangriffen (»Du bist auch oft weg!«).	Die beleidigten Kolleginnen interessieren sich nicht für den Arbeitsdruck der Frau H. Stattdessen fordern sie penetrant eine Entschuldigung.
Die Folgen für Frau H. sind in beiden Fällen gleich	Die Kolleginnen werden den Kontakt zu Frau H. meiden. Frau H. bekommt zukünftig noch weniger Informationen und Unterstützung.	

Wahrscheinlich hat Frau H. gehofft, dass die Kolleginnen nach den Beschimpfungen klein beigeben. Stattdessen wird sie in Zukunft einer Front von Feindinnen gegenüber stehen. *Vorsicht:* Wer glaubt, Recht zu haben, hat nicht immer Recht. Recht haben und Recht bekommen sind zweierlei.

So lösen Sie die Bremse

- **Kann man faule Mitarbeiter zum Arbeiten zwingen?** Im Gegensatz zu Ihrem Vorgesetzten haben Sie als Kollege wenig Druckmittel, um faule Mitarbeiter zum Arbeiten zu bringen. Eine Beschwerde beim Chef ist riskant, solange man nicht weiß, wie er diese aufnehmen wird (s. S. 84 ff.).
- **Ich-Botschaften senden:** Die größten Chancen, gehört zu werden haben Sie, wenn Sie an Ihre Arbeitsgenossen (und vielleicht auch Vorgesetzten) *Ich-Botschaften* senden. Sie erschweren damit ihren Kollegen den arbeitsvermeidenden Rückzug. Sprechen Sie von Ihren Gefühlen und Gedanken, anstatt anzuklagen: *»**Mir** tun unsere Mitarbeiter leid, wenn sie ihr Geld wegen uns so spät ausbezahlt bekommen. Die sind doch auf unsere schnelle Arbeit materiell angewiesen! **Ich** möchte denen helfen. Würdet Ihr **mich** dabei unterstützen?«* oder *»Dieses Arbeitstempo halte **ich** nicht mehr lange durch. **Ich** fürchte, dass **ich** krank werde und dann ganz ausfalle. Könntest du bitte den Fall XY übernehmen?«*
- **Sind die Kollegen unfähig?** Eine heikle Frage, aber es könnte auch sein, dass einzelne Kollegen nicht faul, sondern von ihren Aufgaben schlicht überfordert sind. Die schlechten Arbeitsergebnisse hängen in diesem Fall nicht mit einer Verweigerung, sondern mit dem geringen Leistungsvermögen (zum Beispiel zu chaotisch, intellektuell überfordert etc.) zusammen. Abwertungen sind dann erst recht nutzlos, da die betreffenden Personen grundsätzlich nicht arbeits- und veränderungsfähig sind. Dann kann nur durch Zuteilung einfacherer Tätigkeiten der Schaden so gering wie möglich gehalten werden.
- **Eigene Grenzen beachten:** Mag sein, dass sich Ihre dickfelligen Kollegen auch durch Ich-Botschaften nicht bewegen lassen. Dann achten Sie wenigstens auf Ihre körperlichen und psychischen Grenzen, damit Sie nicht krank werden. Sie sind nicht für das verantwortlich, was andere nicht leisten.

»Ich kann mich nicht so schnell wehren«

Überraschungs-Angriffe

Es war der erste Arbeitstag nach dem Urlaub, als Frau Meier von ihrem Kollegen Spitz im Fahrstuhl mit den Worten begrüßt wurde: »Na, haben Sie sich gut erholt, während bei uns alles drunter und drüber ging?«

Frau Meier: »Wieso?«

Herr Spitz: »Sie haben es wieder mal verpasst, die Vorgänge von der Abteilung B prüfen zu lassen, bevor sie an den Kunden gingen. Die drei Beschwerden sind Ihre Leistung, ich gratuliere! Und wir mussten die Kunden und den Chef beruhigen!«

Frau Meier: »Ich verstehe nicht, was Sie meinen?«

Herr Spitz: »Eben, so was verstehen Sie nie …«

Frau Meier: »Aber was soll das …?«

Herr Spitz: »Das werden Sie morgen vom Chef erfahren, ich habe ihn schon informiert …«

Frau Meier: »Lass mich in Ruhe, du Pappnase!«

Herr Spitz: »Darüber reden wir auch noch beim Chef …«

Lassen Sie sich nicht überrumpeln!

Ob zwischen Tür und Angel oder während der Teamsitzung: Nicht selten wird man überraschend mit Anspielungen und Vorwürfen konfrontiert, auf die man nicht schnell genug passend reagieren kann. Man fühlt sich dann hilflos und gelähmt und kommt nicht mehr in die Offensive. Schlimmer noch: Häufig ärgert man sich hinterher über das eigene Versagen und macht sich zudem noch Vorwürfe: »Warum habe ich bloß nicht XY gesagt?« – Nicht selten nutzen gefrustete, genervte oder mobbende Angreifer den Überraschungseffekt, um ihr Opfer in die Enge zu treiben. Was ist zu tun?

So lösen Sie die Bremse: Floskeln für Notfälle

Versuchen Sie nicht, reflexartig zurückzuschlagen (»*Lass mich in Ruhe, du Pappnase!*«), wenn Sie noch keine Gegenstrategie entwickelt haben! Lassen Sie sich nicht unter Druck setzen – versuchen Sie Zeit zu gewinnen, ohne auf die Vorwürfe näher einzugehen. Das geht relativ Kraft sparend mit Gegenfragen, die man sich für schwierige Situationen schon mal parat legen kann:

- »*Ich verstehe Ihren Ärger nicht, woher kommt der eigentlich?*« – Damit unterstellen Sie dem Gesprächspartner eine persönliche Problematik.
- »*Können Sie mir erklären, wie Sie zu Ihrer Ansicht kommen? Haben Sie die Fakten schon überprüft?*« – Das zwingt den Angreifer, sich zu erklären und zu legitimieren. Das macht Druck!

Für Notfälle bieten sich auch »Floskeln« an, mit deren Hilfe man sich wie Münchhausen (kurzfristig!) elegant aus der Affäre ziehen kann:

- »*Ihre Behauptungen, die Sie vorbringen, sind so schwerwiegend, dass ich sie nicht vorschnell beantworten sollte. Darüber muss ich noch einmal nachdenken.*« – Das signalisiert dem Gegenüber, dass Sie die Kritik ernst nehmen, ohne ihr (vorerst) zuzustimmen. Jetzt haben Sie Zeit zum Nachdenken (kann Ihnen niemand verwehren), um eine Problemlösungsstrategie zu entwickeln. Um eine Antwort kommen Sie allerdings nicht herum – nur eben etwas später, wenn Sie besser vorbereitet sind.

Legen Sie sich für unangenehme Überraschungen einige Floskeln in die Schublade, die Sie bei Bedarf hervorholen können. Übrigens: Meister der Floskeln sind unsere Politiker. Von ihnen lassen sich viele Formulierungen nahtlos übernehmen!

»Die Arbeit ist nicht zu schaffen!«

»Schwarzer-Peter«-Spiel statt Problemlösung

Herr Schnell ist Teamleiter in einer Maschinenbaufirma. Nach einer Kundenanfrage gibt er dem Maschinenbauingenieur Herrn Gründlich den Auftrag:

»Erstelle bitte für das Projekt A beim Kunden XY einen Kostenvoranschlag.«

»Das wird schwierig.«

Am nächsten Tag: »Wo hast du den Kostenvoranschlag?«

»Den habe ich erst in vier Tagen fertig. Es ist sehr kompliziert, die einzelnen Teile zu berechnen.«

»Ich brauche den Kostenvoranschlag aber heute, ich habe das dem Kunden zugesagt!«

»Das geht nicht, für eine gründliche Arbeit braucht man eben Zeit, außerdem habe ich auch noch andere Arbeiten zu erledigen.«

»Du bist unfähig, innerhalb eines Tages einen einfachen Auftrag auszuführen?«

»Probiere es doch selbst, die Arbeit ist nicht zu schaffen.«

»Ich werde selbst eine Grobkalkulation erstellen, wenn du dazu nicht fähig bist!«

»Mach' doch was du willst!«

Wer sich nicht rechtzeitig abgrenzt bekommt, den »Schwarzen Peter«

Gehen wir davon aus, dass Herr Gründlich ein qualifizierter Mitarbeiter ist, der seine Arbeit immer perfekt erledigen möchte. Hier hat er sich einen Arbeitsauftrag aufdrücken lassen, den er entsprechend seinen Qualitätsansprüchen von vornherein nicht erfüllen konnte. Logisch, dass er jetzt der Blamierte ist – er hat den »Schwarzen Peter« in der Tasche. Herr Schnell sieht in ihm jetzt nur noch den Versager, der seine Zusage nicht einhält.

Zeichen der Kommunikationsstörung

Herr Gründlich und Herr Schnell haben es versäumt, zu Beginn einen Zeitplan zu erstellen und die Aufgabe genauer zu besprechen. Dies ist meistens kein Zufall, sondern ein Zeichen dafür, dass man sich aus dem Weg geht. Anders ausgedrückt: die beiden sprechen nur so viel miteinander, wie es unbedingt nötig ist. Ursache für diese Kontaktvermeidung sind in der Regel negative Erfahrungen und festgefügte Vorurteile. Diese lassen ein Team rasch versteinern und blockieren kreative Lösungswege.

Herr Gründlich und Herr Schnell sitzen jetzt beide in der Falle ihrer Sprachlosigkeit. Sie kommen über ein »Wutschnauben-und-vor-sich-hin-kochen« nicht hinaus. In dieser Stimmung kann Herr Gründlich die Komplexität der gestellten Aufgabe nicht erläutern. Vielleicht hat er schon lange resigniert, mit Herrn Schnell zu diskutieren und sich damit abgefunden, dass der »Schwarze Peter« immer in seine Tasche gleitet. Andererseits fühlt sich vielleicht Herr Schnell als Sieger, da er Herrn Gründlich wieder mal seine Unfähigkeit nachgewiesen haben könnte. Vielleicht wird er die Firmenleitung bei günstiger Gelegenheit darauf hinweisen. Das nützt ihm aber nicht bei seiner Problemlösung: dem Kostenvoranschlag für den Kunden. Die Fronten werden sich noch mehr verhärten und die Arbeiten zunehmend liegen bleiben. Das Lagerdenken kann jetzt vielleicht nur noch ein Außenstehender überwinden helfen: ein Vorgesetzter, ein Betriebsrat oder ein Supervisor.

So wird der »Schwarze Peter« zurückgespielt

Welche Verhaltensalternativen gibt es für Herrn Gründlich? Auch wenn es ihm schwer fällt, da er Herrn Schnell am liebsten aus dem Weg geht, müsste er schon bei der Auftragsübergabe nach dem Umfang und dem Zeitdruck des Kostenvoranschlags fragen. Nur so kommt er in die Offensive, denn Nachfragen signalisiert dem Gegenüber Interesse und Arbeitsbereitschaft – ohne zu irgendwas zu verpflichten. Punktgewinn ohne Arbeit sozusagen. Aber das ist nur der Einstieg. Herr Gründlich muss herausbekommen, ob

- der Auftrag in dem von Herrn Schnell gewünschten Zeitrahmen lösbar ist,
- oder nur in einer »abgespeckten« Form realisiert werden kann,
- oder nur zu erledigen ist, wenn andere Arbeiten aufgeschoben werden.

Jetzt spielt Herr Gründlich den »Schwarzen Peter« an Herrn Schnell zurück. Er stellt Lösungsmöglichkeiten vor und lässt aus seinem Angebot auswählen:

- Vielleicht reicht Herrn Schnell schon eine grobe Überschlagsrechnung. Diese Kalkulation ist dann natürlich sehr ungenau und enthält ein gewisses Fehlerrisiko. Ist Herr Schnell bereit, eine oberflächliche Rechnung zu akzeptieren, wenn sie dafür innerhalb eines Tages auf dem Tisch liegt?
- Wenn Herr Gründlich die Arbeit sorgfältig und vorrangig erledigen soll, dann kann er andere Arbeiten nicht ausführen: Ist Herr Schnell bereit, auf diese zu verzichten?
- Wird jedoch die perfekte Lösung gewünscht, dann müsste Herr Schnell beim Kunden einen längeren Zeitraum für die Erstellung der Kalkulation erbitten. Kann er den Kunden davon überzeugen, wenn er ihm dafür ein präziseres Ergebnis verspricht?

Herr Gründlich stellt die Bedingungen und lässt Herrn Schnell die Wahl. Herr Schnell wird dadurch gezwungen, selbst Verantwortung zu übernehmen und sie nicht auf seinen Mitarbeiter abzuwälzen.

So lösen Sie die Bremse

- Zugegeben, manchmal gibt es in Firmen merkwürdige Ideen, die noch dazu sofort umgesetzt werden sollen. **Sagen Sie dazu niemals »Nein, das mache ich nicht«.** Sie werden sonst nur als Bedenkenträger, Bremser oder Bürokrat abqualifiziert. Lassen Sie lieber Ihrem Chef großzügig den Vortritt. Antworten Sie ihm: »Das ist eigentlich eine gute Idee, die Sie haben, die könnte ich umsetzen, wenn Sie mir die entsprechenden Mittel zur Verfügung stellen: Geld, Personal, bezahlte Überstunden etc.«. Er wird es sich dann nochmals überlegen – oder Sie bekommen sogar die Mittel, die Sie schon lange angefordert hatten.
- **Suchen Sie Synergien.** Vielleicht lassen sich verschiedene Aufgaben miteinander kombinieren, um Zeit zu sparen.
- Vielleicht gibt es **kürzere Wege als die ausgetrampelten Pfade.** Möglicherweise sind bürokratische Hemmnisse abzustellen oder wenigstens zu umgehen.
- **Lösen Sie sich von Ihrem Perfektionismus.** Vielleicht reicht dem Kunden auch eine kleinere Lösung – unter Umständen ist er mit einem »Light-Produkt« (weniger Alkohol, aber gleicher Flascheninhalt) zufrieden. Treiben Sie nicht Raubbau mit Ihren Kräften!
- Lassen Sie sich nicht einfach mit Arbeit voll stopfen, sondern machen Sie selbst Vorschläge. Erstellen Sie einen **Arbeitsplan**, den Sie mit Ihrem Vorgesetzten regelmäßig besprechen. Er sieht dann, was Sie wirklich leisten und muss sich gegebenenfalls für Prioritäten entscheiden. Den »Schwarzen Peter« kann man Ihnen dann nicht mehr zuspielen.

»Jetzt gehe ich gleich zum Chef!«

Der Chef kocht sein eigenes Süppchen

Die vier Kfz-Schlosser der Zweigstelle des Kfz-Reparaturbetriebs sind »echt sauer«. Die zwei für den Kundenempfang und die Rechnungsstellung zuständigen Sekretärinnen sind gelegentlich nicht erreichbar. Die Zusammenarbeit ist dann behindert. Die beiden Sekretärinnen rechtfertigen ihre Abwesenheit mit Botengängen, die sie zu erledigen hätten. Nur für »absolute Ausnahmesituationen« geben sie kurze (?) Zigarettenpausen auf der Terrasse zu. Ein Kfz-Schlosser ist so verärgert, dass er bei der Betriebsleitung interveniert und eine höhere Zuverlässigkeit im Sekretariat einfordert. Drei Tage später liegt in den Fächern aller Mitarbeiter eine Dienstanweisung, die von Sekretärinnen und Handwerkern eine schriftliche Abmeldung fordert, sobald der Arbeitsplatz verlassen wird. Jetzt müssen auch die Kfz-Schlosser bei jeder Probefahrt ein Formular ausfüllen und ihre Abwesenheit rechtfertigen. Kleine Spritztouren mit Kundenwagen sind jetzt ausgeschlossen. Dumm gelaufen – die Intervention beim Chef hat auch die eigenen Handlungsspielräume beschnitten. Die Sekretärinnen finden die Lösung der Firmenleitung hingegen sehr korrekt.

Ein klassisches Beispiel für ein Eigentor. Die Wut auf unzuverlässige Kollegen ist ein schlechter Ratgeber zur Konfliktlösung. Denn wer beim Chef »petzt«, muss damit rechnen, dass

- die Teammitglieder die Anklagen als unkollegial wahrnehmen, selbst wenn sie inhaltlich begründet sind. Das kann der Anfang von Ausgrenzung oder gar Mobbing sein.
- der Chef den Teamkonflikt ausnutzt, um seine eigenen Ziele zu verfolgen. Für ihn ist die Beschwerde so gut wie ein Blankoscheck.
- die eigenen Arbeitsbedingungen im Zuge der Neuorganisation mitverändert, eventuell auch verschlechtert werden. Dann gilt: Wer selbst im Glashaus sitzt, der sollte nicht mit Steinen werfen.

So lösen Sie die Bremse

- Wenn ein Teammitglied sich beim Chef über andere Teammitglieder beschwert, dann wird die Konfliktlösung auf die Leitungsebene delegiert! Das gesamte Team, auch der Beschwerdeführer, ist dann von der unberechenbaren Vorgesetztenentscheidung abhängig. Eine teaminterne gründliche Aussprache bringt dann keine Lösung mehr. **Die Selbstheilungskräfte des Teams werden außer Kraft gesetzt.** Nutzen Sie deshalb eine Beschwerde bei der Leitung nur als allerletztes Mittel.
- Wenn Sie sich über Ihre Kollegen ärgern, versuchen Sie zuerst einzugrenzen, was Sie am meisten ärgert. Machen Sie anschließend eine **Prioritätenliste**, welche Veränderungen Sie sich bei den anderen konkret wünschen. Es gelingt Ihnen dann leichter, Veränderungswünsche zu formulieren. Pauschale Äußerungen wie »du nervst« oder »du bist blöd« helfen nicht bei der Problemlösung.
- Fragen Sie sich **selbstkritisch**, ob von Ihrer Seite her Neid oder Frust in den Konflikt eingeflossen ist. Wut macht bekanntlich »blind«.
- Wenn Sie trotz Risiken den Chef einschalten wollen, sollten Sie bei ihm nicht nur Ihren Ärger abladen, sondern gleich eine **praktikable Konfliktlösung** mit anbieten. Sonst unterstellt man Ihnen schnell Überforderung oder Querulantentum.
- Sprechen Sie mit Ihrem Chef möglichst **sachlich**. Lassen Sie ihn spüren, dass es Ihnen nicht um Rache geht, sondern um die Verbesserung des Betriebsklimas.

»Wenn sich hier nichts ändert, dann kündige ich!«

Zugzwang selbst verursacht

Frau Meier ist sauer. Wieder hat sie die Vorgänge zu spät erhalten. Jetzt muss sie auch noch abends arbeiten. Im Frust sagt sie zu ihrem Chef: »Wenn sich hier nichts ändert, dann kündige ich!«. Der antwortet scheinbar großzügig mit »Leute, die gehen wollen, soll man ziehen lassen«.

Wenn Sie mit Ihrer Kündigung drohen, spielen Sie Ihre höchste Trumpfkarte aus, die Sie besitzen – vorausgesetzt, Sie sind in der Firma überhaupt geschätzt. Und wie bei den Kartenspielern sind auch im Arbeitsleben hohe Trümpfe dünn gesät. Wenn Sie mit *»Wenn sich hier nichts ändert, dann kündige ich!«* drohen, dann müssen Sie auch bereit sein zu gehen. Sie machen damit Ihre Zukunft an der Arbeitsstelle von der Veränderungsbereitschaft anderer abhängig. Würden Sie bleiben, ohne dass sich etwas verändert, würden Sie sich unglaubwürdig machen. Man würde Sie für einen Dampfplauderer oder Feigling halten und nicht mehr ernst nehmen. Die Drohung mit der Kündigung setzt nicht nur die Kollegen und den Arbeitgeber, sondern vor allem Sie selbst unter Zugzwang. Leere Drohungen sind ein Eigentor.

Anzeichen für Zugzwänge

Das Risiko von Zugzwängen steigt, wenn man den Überblick verliert. Um am Arbeitsplatz den Frust, die Kränkungen oder die Überforderung nicht mehr spüren zu müssen, setzt man sich selbst Scheuklappen auf und nimmt nur noch zur Kenntnis, was in das eigene Weltbild passt. Der geistige Horizont verengt sich auf ein enges Ziel, das unbedingt erreicht werden muss. Anzeichen für selbstverursachte Zugzwänge können sein:

- Gedanken, die sich im Kopf ständig wiederholen und sich manchmal bis zur Besessenheit steigern.
- Das Bedürfnis, sich ständig erklären oder rechtfertigen zu müssen.
- Ausgeprägte Feindbilder, die einen nicht mehr loslassen.
- Das bedrückende Gefühl »alles auf eine Karte gesetzt zu haben«.
- Verspannungen, Schlafstörungen.

So lösen Sie die Bremse

- Aus Zugzwängen kommen Sie nur dann heraus, wenn Sie die Übersicht wieder gewinnen. Machen Sie für sich eine Skizze über alle Einflusskräfte, die an Ihrem Arbeitsplatz anzutreffen sind und sprechen Sie diese mit einem Bekannten oder Supervisor durch (s. »Checkliste für die Teamdiagnose«, S. 115 ff.)
- Sammeln und analysieren Sie alle Ihre Argumente, die Sie für Ihre Sache vorbringen können. Überlegen Sie sich dann, in welcher Reihenfolge und in welchen Situationen Sie Ihre Trümpfe ausspielen wollen. Clevere Kartenspieler legen den höchsten Trumpf nur für wichtige Stiche auf den Tisch.
- Erst wenn Sie zur Kündigung entschlossen sind und auch die Konsequenzen akzeptiert haben, können Sie mit einer Kündigung drohen. Ihr Arbeitgeber merkt es Ihnen an, wenn Sie es ernst meinen und macht dann vielleicht doch noch ein Zugeständnis. Es ist paradox: Manchmal gibt es erst dann eine Chance zur verbesserten Weiterarbeit, wenn Sie schon gar nicht mehr weiterarbeiten wollen.
- Spielen Sie bei Arbeitsfrust auch kleinere Trumpfkarten aus: »Wenn die Arbeitsvorgänge so spät kommen, dann kann ich nicht mit der Qualität arbeiten, die der Sache angemessen wäre«. Welcher Chef kann sich diesem Charme entziehen?

»Ohne Stress kann ich nicht arbeiten!«

Die Geister, die man ruft, verlangen ihren Preis

Das hat wohl schon jeder erlebt, der eine Prüfungsarbeit zu einem Stichtag abgeben musste: Man ist von Selbstzweifeln geplagt und verschiebt den Beginn der Arbeit von einem Tag auf den anderen. Man starrt auf den Abgabetermin wie das Kaninchen auf die Schlange und bewegt sich nicht. Spannung und Nervosität steigen, die Arbeitslähmung wird unerträglich. Doch im letzten Augenblick kommt dann doch noch die Rettung. Das »Stressprogramm« erscheint wie eine gute Fee. Es schreit laut »Ich muss jetzt« und bläst alle Selbstzweifel und Ablenkungen auf die Seite. Jetzt ist alles klar: Man kann plötzlich stundenlang intensiv arbeiten und schafft dann doch noch irgendwie die Prüfung – zwar nicht optimal, aber immerhin. Der Preis dafür sind extrem hohe psychische Belastungen, beispielsweise messbar an überquellenden Aschenbechern, unnötigem Streit mit dem Partner, Kopfschmerzen, Schlafstörungen und leeren Aspirinpackungen. Man weiß, man macht sich kaputt – aber »es geht halt nicht anders« und schließlich rechtfertigt der Erfolg die Mittel.

Stress als Droge

Stress funktioniert wie eine Scheuklappe. Er reduziert den weiten Panoramablick auf enge Ziele und Vorgaben. Dadurch wird die Aufgabenstellung vereinfacht und es stellt sich das (zum Teil trügerische Gefühl) von Klarheit und Sicherheit ein. Stress arbeitet so zuverlässig wie ein Autopilot: Er ignoriert störende Einflüsse und mobilisiert alle Kräfte, damit das Hauptziel erreicht werden kann. Indem er Versagensängste zuverlässig übersieht, entfaltet er seine aufputschende Wirkung. Manchmal funktioniert Stress wie eine Droge: Unerwünschte Selbstzweifel verschwinden zugunsten eines lange nicht mehr erlebten Aktivitätsdrangs. Nicht zufällig spricht man bei Stresstypen auch von *Workaholics,* das heißt, sie (miss-) brauchen ihre Arbeit wie andere den Alkohol. Doch hier spricht der Volksmund: »Ein Gläschen in Ehren kann niemand verwehren«. Kommt es letztlich nur darauf an, wie stark man den Stress als Arbeitshilfe einsetzt? Ein bisschen Stress schadet vielleicht nicht, wenn es nur nicht zu viel wird?

Stress ist manchmal eine erwünschte Arbeitshilfe

Man glaubt es kaum, aber der Stress hat auch seine guten Seiten. Oft wird er deshalb herbeigesehnt, um aus dem Sumpf der Unentschlossenheit herauszukommen. Wenn Sie die Formulierung hören »Ohne Stress kann ich nicht arbeiten!« wissen Sie, dass er soeben sein Opfer gefunden hat. Stress kann wichtige Funktionen erfüllen.

- Stress konzentriert alle Kräfte auf ein Ziel.
- Er bestimmt Prioritäten und schafft Klarheit.
- Er vernichtet zuverlässig Selbstzweifel und Ambivalenzen, da er keine Zeit mehr lässt, sich mit ihnen auseinander zu setzen.

- Er füllt den Arbeitsalltag und gibt ihm eine Struktur.
- Er gibt Kraft, indem er Störungen (kleinere Erkrankungen, quengelnde Kinder) mutig bekämpft oder ausblendet.
- Er führt wenigstens zu mittelmäßigen Ergebnissen.

Die Stress-Geister fordern einen hohen Preis

Die Stress-Geister, die man ruft, erledigen ihre Arbeit nicht umsonst. Sie bieten zwar kurzfristig eine Erleichterung in Gestalt des Autopiloten – langfristig richten sie aber Zerstörung an.

- Stress übt einen so heftigen Druck aus, dass keine Zeit mehr zum Nachdenken bleibt. Unter Stress werden deshalb viele unsinnige oder unnötige Arbeiten erbracht.
- Er verringert die Qualität der Arbeit, da der Scheuklappenblick wichtige kreative Sichtweisen abschneidet. Ohne Kreativität sind aber Spitzenergebnisse unwahrscheinlich.
- Er ignoriert die Bedürfnisse des Umfeldes (Partner, Kinder), Beziehungsschwierigkeiten sind dann die Folge.
- Er steckt den eigenen Körper in die Zwangsjacke der zu erledigenden Arbeitsaufträge. Dieser wehrt sich mit Schlafstörungen und Erkrankungen.
- Stress kostet Arbeits- und Lebensfreude. Er macht den Arbeitstag zur erdrückenden Pflicht.

Stresstreiber »überzogenes Verantwortungsgefühl« und »Selbstüberforderung«

Dass vor allem aus der Selbstüberforderung Leid und Unruhe entstehen, wussten schon die stoischen Philosophen der Antike (zum Beispiel Epiktet, 50–138 n.Chr.). Stress kann ein Zeichen dafür sein, dass Verantwortung für Bereiche übernommen wurde, für die man gar nicht oder nur teilweise zuständig ist. Der eigene Perfektionismus: »Ich muss das unbedingt schaffen« verbunden mit Schuldgefühlen (wenn beispielsweise die Ergebnisse nicht rasch genug vorliegen) wird dann zum Stresstreiber.

Da fühlt sich zum Beispiel ein Verkäufer persönlich für ein gutes Geschäftsergebnis verantwortlich, obwohl am Geschäftserfolg Faktoren beteiligt sind, auf die er nur bedingt oder gar keinen Einfluss hat: Qualität und Preis der Ware, Modetrends, finanzielle Spielräume der Kunden etc. Im Stress übernimmt er unglücklicherweise die Verantwortung auch für Bereiche, die nicht in seiner Macht stehen. Seine Handlungsfelder sind doch vor allem der Kundenservice und das Verkaufsgespräch.

Aus dieser Falle kommt man nur heraus, wenn man sich die eigenen Kompetenzen und Grenzen bewusst macht und dann die Arbeitsziele entsprechend neu formuliert.

Stress von außen

Neben dem selbstverursachten Stress gibt es natürlich auch den Stress von außen. Störungen im Ablauf (zum Beispiel das Schreckgespenst abstürzender PCs) oder unerfüllbare Vorgaben der Leitung machen das Leben schwer. Aber hier hat man dann wenigstens das Gefühl, für die schwierige Arbeitssituation nicht verantwortlich zu sein – vorausgesetzt, man kennt seine eigenen Grenzen.

So lösen Sie die Bremse: Stressmanagement

- Machen Sie sich keinen Stress, indem Sie versuchen, Ihr Stressverhalten möglichst rasch abzubauen! Stress ist ein Teil Ihrer Persönlichkeit und hat Ihnen neben viel Druck auch einige Erfolge bereitet. Deshalb könnten Sie eigentlich Ihrem Stress auch etwas dankbar sein. Wenn Sie den Stress jetzt total abschalten würden, würden Sie auch plötzlich die Kraft des Autopiloten verlieren. Persönlichkeitsveränderungen brauchen Zeit und Geduld!
- **Verbesserte Arbeitsorganisation** (Erstellen von Zeitplänen und Kalendern, Definition von Ober- und Unterzielen, Sortieren der

Tätigkeiten in Prioritäten) können einem diffusen Arbeitsverhalten mehr Struktur geben. Damit schützt man sich tendenziell vor unliebsamen Überraschungen und reduziert das Stressrisiko. Die umfangreiche Literatur zum Zeitmanagement setzt in der Regel hier an. Arbeitsorganisation ist wie eine Krücke für den Lahmen: Sie hilft dem Gehwilligen, ersetzt aber nicht das Gehen. Ohne Reflexion der eigenen Persönlichkeit (»Warum mache ich mir den Stress?«) geht es wohl nicht.

- Versuchen Sie, den Stress »in den Griff zu bekommen«. **Stressmanagement** erreichen Sie, indem Sie Ihr bisheriges Stressverhalten bilanzieren und Feinsteuerungen vornehmen. Machen Sie für sich eine Stressbilanz:

Wann habe ich zuletzt Stress gehabt?

_____

_____

_____

Was bzw. wer hat den Stress verursacht?

_____

_____

_____

Welchen persönlichen Anteil habe ich bei der Stressentstehung? (Stress von außen oder selbst verursacht?)

_____

_____

_____

Wie habe ich den Stress erlebt?

_____

_____

_____

Welche Vorteile hat er mir gebracht?

_____

_____

_____

Welche Nachteile hat er mir gebracht?

_____

_____

_____

Überwiegen die Vor- oder die Nachteile?

_____

_____

_____

Welchen Preis bin ich bereit für den Autopiloten Stress zu entrichten?

_____

_____

_____

Habe ich mich selbst überfordert? Bin ich über meine Kompetenzen oder meine psychischen Grenzen gegangen?

_____

_____

_____

Was möchte ich für die Zukunft verändern?

_____

_____

_____

Wo könnte ich dabei zuerst ansetzen?

_____

_____

_____

Die wichtigsten Punkte der Bremse 3

Diffuse Gesprächsführung und taktische Fehler

Selbststeuerung bringt auch Verwirrung

In den letzten Jahren haben neue Technologien (Datenverarbeitung, Internet) Veränderungsprozesse wesentlich beschleunigt. Betriebe und Behörden reagierten darauf, indem sie bestehende schwerfällige Hierarchien abgebaut und verstärkt Kompetenzen an einzelne Abteilungen und Teams delegiert haben. Selbst im öffentlichen Dienst haben sich Vorschriften gelockert und sich für die Mitarbeiter viele neue kreative Handlungsspielräume ergeben. Die Teams haben damit die Chance der Selbststeuerung, müssen dafür aber auch die Last der internen Abstimmung und Verantwortung auf sich nehmen. Der einzelne Mitarbeiter kann sich jetzt nicht mehr hinter der Dienstanweisung des Vorgesetzten verstecken, sondern muss für die Steuerung der Arbeitsabläufe mit seinen Kollegen selbstbestimmt einen Konsens finden. Durch diese zusätzlichen Aufgaben sind Verwirrungen, vor allem um einzuschlagende Wege und Zuständigkeiten, in Teams programmiert. Sie führen vor allem dann zu Fehleinschätzungen, Frust und taktischen Fehlern, wenn die Betriebsleitung diffuse Ziele vorgibt und den Mitarbeitern keine Beratung (intern oder extern) zukommen lässt. Viele Teams werden im Stich gelassen und mit dem Satz abgespeist: »Machen Sie was Sie wollen, aber bloß keinen Ärger«.

Erleichterung teuer bezahlt

Der Krug geht so lange zum Brunnen, bis er bricht – der Mitarbeiter geht so lange ins Team, bis der Frust aus ihm herausbricht. Und so wie der Krug erleidet auch der Gefrustete sein Schicksal unvorbereitet. Er lässt, getrieben von aufgestauter Aggression, »Luft ab« und macht unüberlegte Äußerungen. Das verärgerte Opfer wird dann kurzfristig zum Täter – beleidigt und übertreibt bei seinen Anklagen, um dann wieder in die Opferrolle hineinzurutschen. Wer den Frust aus sich »herauskotzt« kommt nur selten zum Ziel. Meistens wird er für sein eruptives Verhalten zur Rechenschaft gezogen und dauerhaft ausgegrenzt. Die kurzfristige Erleichterung wird teuer bezahlt.

Langfristig schaden

- **Abwertungen** (»Ihr seid alle faule Schweine!«, s. S. 75 ff.): Sie zerschlagen Porzellan und schieben Lösungen immer weiter weg.
- **Beschwerden bei Vorgesetzten** (s. S. 84 f.): Sie verengen den eigenen Handlungsspielraum, vor allem wenn man die Reaktionen des Chefs nicht abschätzen kann.
- **Kündigungsdrohungen** (s. S. 86 f.): Sie machen dem Drohenden mehr Probleme als dem Umfeld.

Häufig bricht es aber nicht aus dem Mitarbeiter heraus, sondern über ihn herein. Überraschungsangriffe (»Ich kann mich nicht so schnell wehren«, s. S. 78 f.) oder üble Spiele (»Schwarzer-Peter«, s. S. 80 ff.) müssen rasch, sachlich und möglichst ohne Gesichtsverlust abgewehrt werden.

Stress sperrt Sie ins »Goldhamsterrad«

Wenn Sie sich unter Stress setzen (»Ohne Stress kann ich nicht arbeiten!«, s. S. 88 ff.) kommen Sie nicht mehr zum Nachdenken. Noch schlimmer, falls das ganze Team im Stress aus dem rotierenden »Goldhamsterrad« (»Eigentlich wollen wir alle das Gleiche, aber wir verstehen uns trotzdem nicht«, s. S. 70 ff.) nicht mehr herauskommt. Der Blickwinkel verengt sich dann und man findet die kreative Konfliktlösung erst recht nicht mehr.

So steigern Sie Ihre Chancen

Es gibt keinen Filter, der immer vor taktischen Fehlern schützt. Aber es gibt Verhaltensweisen, die das Fehlerrisiko verringern und die Erfolgschancen verbessern:

- Schaffen Sie sich gegebenenfalls mit einer eleganten Formulierung (s. S. 79) die **Reflexionszeit**, die Sie brauchen.
- Auch wenn es schwer fällt und selbst dann, wenn Sie in der Rolle des Beschuldigten sind: Gehen Sie auf Ihre Kollegen einzeln zu und fragen Sie nach, wie sie über das Problem denken. Sie erhalten dadurch **Informationen, mit denen Sie Ihren zukünftigen Verhandlungsspielraum ausloten** können.
- Blindes Agieren und reflexartiges Zurückschlagen verschlimmert die Lage. Lassen Sie sich nicht von Ihrem Frust treiben, sondern versuchen Sie **Abstand zum Arbeitsalltag** zu gewinnen. Lieber einige Tage krank geschrieben zu Hause anstatt im Büro weiterhin in der Sackgasse. Nutzen Sie die Zeit zum Nachdenken und für Gespräche mit Bekannten.
- Ihr Problem ist leichter anzupacken, wenn Sie es in **Teilfragen** auflösen:

Ursache	Was ist passiert? Wer und was hat es verursacht?
Kollegen	Wie sehen meine Kollegen das Problem? Gibt es gemeinsame Teaminteressen, auf die ich mich berufen kann? Welche Kooperationspartner könnten mich unterstützen?
Argumentation	Welche Argumente habe ich für mein Anliegen? Welche sind starke, welche schwächere Argumente? In welcher Reihenfolge bringe ich meine Argumente ein? Mit welchen Gegenargumenten muss ich rechnen? Wie könnte ich diese entkräften?
Ziele	Was möchte ich maximal erreichen? (optimaler Erfolg) Was möchte ich mindestens erreichen? (minimaler Erfolg) Welche Handlungsmöglichkeiten habe ich zur Zeit? Wo und wie beginne ich?

- Entziehen Sie sich einer schwierigen Arbeitssituation nicht einfach mit einer plötzlichen Kündigung. Die unguten Gefühle, die bei einem ungeklärten Konflikt entstehen, könnten Sie sonst ins nächste Arbeitsverhältnis verfolgen. Klären Sie stattdessen ein schlechtes Betriebsklima mit einer **Aussprache**. Stellen Sie Ihre Position dar und nehmen Sie die Gegenposition zur Kenntnis. Wenn sich keine Einigung erzielen lässt, können Sie immer noch wegen unterschiedlichen Auffassungen **begründet kündigen**. Aber laufen Sie nicht davon wie ein Dieb – das haben Sie nicht verdient.

Alle Bremsen zusammen ergeben Mobbing

Was ist Mobbing?

Wird jemand im Betrieb von Kollegen (horizontales Mobbing) oder von Vorgesetzten bzw. Untergebenen (vertikales Mobbing) handfest schikaniert, dann spricht man von Mobbing. Mobbing ist nicht zu verwechseln mit Rivalität, wenn zum Beispiel zwei Mitarbeiter um eine zu besetzende Stelle konkurrieren und sich dabei zu profilieren suchen. Beim Mobbing kommen häufig viele Faktoren zusammen: Arbeitsdruck, Arbeitsunzufriedenheit, persönliche Animositäten, unklare Arbeitsaufträge, Missverständnisse, Verzweiflung, Enttäuschung und Kränkungen. Widersprüchliche Arbeitsstrukturen und diffuse Gefühle stellen sich dann gegenseitig ein Bein – und schon stürzt ein Team unaufhaltsam in ein dunkles Loch, aus dem es ohne Hilfe von außen häufig nicht mehr herausfindet. In der Literatur wird deshalb Mobbing als ein »multifaktorielles Geschehen« beschrieben. Ich definiere es konkreter: Wenn einige der von mir bisher beschriebenen Bremsen zusammen kommen, dann haben wir eine Mobbingsituation.

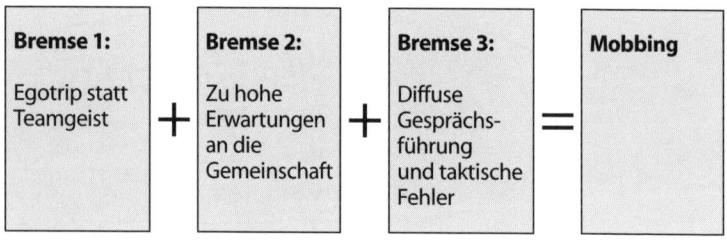

Schematisches Opfer-Täter-Denken verbaut den Neustart

Wer vom Mobbing spricht, der denkt nicht selten zugleich auch an die Gegensätze Opfer und Täter. Diese Folgerung ist naheliegend, da zumindest eine Person während längerfristigen Auseinandersetzungen unter hohen psychischen, häufig auch körperlichen Belastungen leidet, die zu ernsthaften Erkrankungen oder gar zum Selbstmord führen können. Trotzdem sollte man das gesamte Mobbingdrama nicht nur vom Schlussakt her beurteilen. Betrachtet man den gesamten Ablauf einer Auseinandersetzung, wird man häufig bei allen Kontrahenten (unterschiedlich große!) Opfer- und Täteranteile finden. Die Personen in einem zerstrittenen Team lassen sich dann nicht in die Schubladen »leuchtend weiß« und »tief schwarz« einsortieren, sondern schillern in mehreren Grauwerten. Wer unter Druck steht, hat sein eigenes Verhalten oft nicht mehr unter Kontrolle. Sich in die Ecke gedrängt fühlend, schlägt zum Beispiel das Opfer blind zurück und wird, selbst zum Täter. Da die eigene Aggressivität oft nicht gespürt wird sind die darauf folgenden Reaktionen des Umfeldes für die betreffende Person dann überraschend und unverständlich. Es ist deshalb nicht unmöglich, dass das Mobbingopfer im Laufe der Auseinandersetzungen mit Provokationen auch seinen (kleinen oder größeren) Teil dazu beigetragen hat, dass es in seine unglückliche Lage gekommen ist.

Zusätzlich gibt es für ein Team von außen zahlreiche Irritationen, die Mobbing fördern: beispielsweise diffuse Stellenbeschreibungen, nicht zu lösende Arbeitsaufträge, unglückliche Entlohnungssysteme. Der Abbau der Hierarchieebenen im Management, Globalisierung und verstärkte Kundenorientierung haben die Arbeitsprozesse wesentlich beschleunigt und nötigen den Teams rasche eigenständige Problemlösungen auf, für die sie oft nicht genügend gerüstet sind. Die daraus entstehenden Missverständnisse und Fehlplanungen führen zu Frustrationen, diese zur Suche nach Sündenböcken und der Weg für Mobbing ist freigemacht. Häufig wird nicht aus bösartigem Vorsatz, sondern nur aus reiner Verzweiflung gemobbt.

Schematisches *Opfer-Täter-Denken* ignoriert die taktischen Fehler, Ambivalenzen und Missverständnisse, die zum Mobbing führen. Das Schuldprinzip, das nach einer gescheiterten Arbeitsbeziehung das Opfer und den Täter festschreibt, ist deshalb meines Erachtens bei der Konfliktlösung nicht sinnvoll. Es lenkt den Blick in die falsche Richtung. Es verleitet dazu, dass in der Vergangenheit herumgestochert wird, um »Tatbestände« zu finden – die sich meistens dann ohnehin nicht mehr exakt klären lassen.

1976 wurde in der BRD bei der Ehescheidung das Schuldprinzip durch das Zerrüttungsprinzip ersetzt. Musste vor 1976 der Familienrichter die oder den Schuldige/n bei der Beziehungstrennung präzise bestimmen, so reicht seitdem die offensichtliche Zerrüttung als Scheidungsgrund aus. Was bei der Trennung einer Ehe gut ist, das sollte auch für eine Arbeitsbeziehung recht sein. Ein zerrüttetes Team braucht eine faire Trennung oder gute und ehrliche Vorsätze für einen Neuanfang. Anklagen und die Suche nach Schuldigen (»schmutzige Wäsche waschen«) verbauen den Neustart.

Fehlurteile führen zum Mobbing

Mobbing fällt nicht vom Himmel. Es wächst langsam, manchmal sogar jahrelang. Wenn es sich mal richtig eingenistet hat, dann läuft alles schief: Die Teambeziehungen sind feindselig, die psychische Belastung ist hoch, wichtige Abstimmungsprozesse unterbleiben und wertvolle Arbeitszeit wird mit Querelen vergeudet. Mobbing ist eine fatale Verkettung von mehreren der beschriebenen Bremsen. (vgl. »Doppelte Ausgrenzung« auf der gegenüberliegenden Seite)

Wer sich bei der Leitung beschwert, geht ein unkalkulierbares Risiko ein, da die Chefs nicht selten zu ihren eigenen Gunsten entscheiden. Sie handeln dann egoistisch nach dem Motto: Wenn zwei sich streiten, freut sich der Dritte (s. »Der Chef kocht sein eigenes Süppchen«, S. 84 f.). Die Beschwerde hat eine schriftliche Dienstanweisung zur Folge, die die Arbeitsbedingungen für *alle* Mitarbeiter verschlechtert.

Die von Herrn X erhoffte persönliche Unterstützung unterbleibt. Die Kollegen sind jetzt erst recht auf ihren neuen Kollegen sauer – das Mobbing beginnt. Sie sehen ihn als teamfeindlichen »Petzer«, der für sein Verhalten bestraft werden muss. Herr X begeht in der Folge mehrere Arbeitsfehler, da er von den Kollegen vorsätzlich falsche Informationen bekommt. Trotzdem wird er dafür direkt verantwortlich gemacht. Er wird mit immer mehr Arbeit überhäuft und gerät zunehmend unter Druck. Als er sich einmal nur mit einer persönlich beleidigenden Äußerung gegenüber seinen unfairen Kollegen wehren kann, wird er rasch beim Vorgesetzten angeklagt und von diesem abgemahnt. Die zugrunde liegenden Ursachen der Beleidigung werden nicht analysiert. Kurz darauf kündigt Herr X, da er die Arbeitssituation nicht mehr erträgt.

Doppelte Ausgrenzung

Aufgrund eines Gefühls von Unsicherheit vermeidet Herr X seit seiner Neueinstellung in einer Bauschlosserei den Kontakt zu seinen Kollegen. Von einer Clique älterer Kollegen fühlt er sich sehr kritisch beobachtet – ohne aber deren Absichten ergründen zu können. Andererseits flößt ihm auch das kumpelhaft-plumpe bis derbe Auftreten einiger jüngerer Männer Unbehagen ein. Mit einem kühlen, korrekt-sachlichen Auftreten versucht er Distanz zu halten. Vorsichtshalber besucht er keine Betriebsfeste, die Kollegen bei Geburtstagen auf eigene Kosten ausrichten. Deshalb hat er auch keinen Einstand spendiert, obwohl er nach Freibier gefragt wurde. Ohne es zu merken, verstößt er mit seiner eigenen Ausgrenzung gegen die ungeschriebenen Teamregeln nach Spaß und kumpelhafter Zusammengehörigkeit.

Die jungen Kollegen empfinden den Neuen arrogant (»hält immer Distanz«), geizig (»gibt nicht mal ein Bier zum Einstand aus«) und kleinkariert (»denkt nur ans Arbeiten und will mit uns nicht feiern«). Die älteren Kollegen vermuten bei Herrn X zusätzlich unangenehme Karrierewünsche (»Der möchte wohl unser Chef werden«). Das Betriebsklima verschlechtert sich für Herrn X zusätzlich, als er, auf seinen noch ausstehenden Einstand angesprochen, trocken antwortet: »Ich habe halt was gegen Saufereien.« Die Kollegen erleben diese unbedachte Bemerkung als persönlichen Angriff. In der Folge überschütten sie Herrn X mit Arbeit und versuchen, die Verantwortung für Fehler im Betriebsablauf auf ihn abzuwälzen.

Herr X vermeidet eine direkte Aussprache und beschwert sich in seiner Not stattdessen gleich bei dem Vorgesetzten über die von den Kollegen verursachte Arbeitsüberlastung. Falls sich die Verhältnisse nicht bessern sollten, so deutet er gegenüber dem Chef an, dann würde er kündigen.

Der Weg zum Mobbing ist mit vielen Missverständnissen gepflastert. Da in diesem Betrieb zu wenig miteinander gesprochen wird, kommt es zu mehreren gegenseitigen Fehlurteilen:

Verhalten von Herrn X	Die Kollegen empfinden Herrn X
Um seine Unsicherheit zu verbergen, versteckt er sich hinter einer sachlich-korrekten Maske.	Arrogant und feindselig.
Er meidet Betriebsfeste, da er sich dort unwohl fühlt.	Am Team interesselos und egoistisch.
Er »gibt zum Einstand keinen aus«.	Geizig.
Verhalten der Kollegen	**Herr X empfindet die Kollegen**
Kritisch, da sie in Herrn X einen Konkurrenten befürchten.	Unberechenbar und tendenziell unangenehm.
Kumpelhaft.	Zu direkt, zu derb und zu nah.

Bis hier hin sind die Missverständnisse noch klärbar, wenn es zu einer Aussprache kommt. Gegenseitige Fehleinschätzungen müssten aufgedeckt und neue Spielregeln für die zukünftige Zusammenarbeit gefunden werden. Dazu ist ein ehrlicher Dialog zwischen allen Mitarbeitern erforderlich. Letztlich geht es um zwei Fragen:

- **Wie viel Nähe und Distanz sind innerhalb des Teams erwünscht, bzw. zu ertragen?** – Findet Herr X seinen Platz im Team bei etwas Nähe und viel Distanz? Kann das Team unterschiedliche Beziehungen zulassen? Akzeptiert das Team bei Herrn X nur eine gelegentliche Teilnahme bei Betriebsfesten? Ist Herr X zu persönlichen Gesprächen mit seinen Kollegen bereit? Kann er zu ihnen Brücken bauen, ohne sich zur Kumpelhaftigkeit zu zwingen?
- **Wie bedrohlich ist Herr X?** – Möchte Herr X wirklich Vorgesetzter des Teams werden? Steht Herr X auf der Seite des Teams oder der der Leitung?

Leider kommt es nicht dazu, weil Herr X zwei folgenschwere Fehler begeht, die das Arbeitsklima erheblich stören:

Herr X	Die Kollegen empfinden Herrn X
bezeichnet Betriebsfeste als »Saufereien«	beleidigend
beschwert sich wegen der Arbeits- überlastung beim Chef	als gefährlichen Täter, der ihnen den Chef »auf den Hals hetzt«

Halten wir Herrn X zugute, dass er sich nur aus Selbstschutz beim Chef über die Arbeitsüberlastung beschwert. Wahrscheinlich fühlt er sich in der Defensive und erhofft sich eine Verbesserung seiner Arbeitssituation – will vielleicht die Kollegen gar nicht anschwärzen. Trotzdem wird er durch beide Fehler zum *Täter*, das erste Mal als Beleidiger, das zweite Mal als »Petzer« und Ankläger. Die Kollegen finden sich in der diskriminierenden Rolle der Säufer und Arbeitsverweigerer wieder. Sie sind jetzt *Opfer*. Sie sind verbittert: Ihr »Kumpeltum« sei doch von ihnen gut gemeint und eine Beschwerde beim Chef, ohne mit ihnen vorher darüber gesprochen zu haben, das sei schlicht unsozial. Herr X hat diesen Ärger wahrscheinlich nicht beabsichtigt. Für ihn ist alles »nur dumm gelaufen«. Seiner Täterrolle ist er sich jedenfalls nicht bewusst.

Jetzt aber wendet sich das Blatt. Das »gemeinsame Tischtuch« ist endgültig zerschnitten. Die Rache lässt nicht lange auf sich warten. Die Kollegen entwickeln hinterlistige Strategien, um den Peiniger in die Falle zu locken.

- Sie geben vorsätzlich falsche Informationen, um die Arbeit von Herrn X zu torpedieren und um ihn ins Unrecht zu setzen.
- Sie nützen geschickt eine persönliche Beleidigung durch Herrn X für eine Abmahnung durch den Vorgesetzten.

Erst jetzt sind die Kollegen *Täter* geworden. Gemeinsam haben sie Herrn X zu Strecke gebracht. Sie haben sich nicht mehr kumpelhaft-solidarisch verhalten, sondern den ungeliebten Kollegen strategisch in das offene Messer laufen lassen. Sie rechtfertigen sich damit, dass sie mit den gleichen Mitteln wie Herr X zurückgeschlagen haben.

- Jetzt haben sie denjenigen ausgegrenzt, der sich vorher selbst ausgegrenzt hat.
- Sie haben denjenigen denunziert, der sie vorher denunziert hat.
- Sie haben demjenigen geschadet, der ihnen selbst schaden wollte.

Ihre Gemeinheiten verklären sie als notwendige und gerechtfertigte Notwehr. Selbstgefällig lehnen sie sich zurück und sind stolz auf ihre Leistung. Gemeinsame (Un-)Taten verbinden – ist das nicht ein Anlass für ein kleines Betriebsfest?

Herr X hingegen berichtet in seinem Bekanntenkreis, dass er schon bei der Arbeitsaufnahme misstrauisch beobachtet worden sei. Im Nachhinein gesehen hätte er in diesem »Mobberteam« ohnehin keine Chance gehabt, außer er hätte sich »total angebiedert«. Er sei aber nun einmal kein Alkoholiker. Schade, dass der Chef sich aus Feigheit letztlich doch auf die Seite der »Mobber« geschlagen hätte. Die Kündigung sei deshalb unausweichlich.

Aus dem Konflikt hat niemand etwas gelernt. Weder werden die begangenen Fehler noch die verpatzten Konfliktlösungschancen gesehen. Das eigentliche Opfer ist die Diskussionskultur, die in vielen Betrieben zu kurz kommt. Wo liegen die Fehler?

Fehler von Herrn X	Fehler der Kollegen
Er vermeidet das offene Gespräch.	Eine offene Gesprächskultur fehlt.
Er pflegt Distanz anstatt kollegial/freundschaftlicher Gesten.	Revierkämpfe sind destruktiv (s. S. 18 ff.).
Er entzieht sich der Gemeinschaft wie ein »Teamflüchter« (s. S. 32 ff.).	Zu hohe Wünsche an Kumpelhaftigkeit überfordern den neuen Kollegen. Der möchte die angebotene Nähe nicht haben.
Beleidigungen und Abwertungen bringen soziale Isolierung (s. S. 75 ff.).	Anstatt dem Neuen eine Eingewöhnungszeit zu lassen, fordern sie gleich seine Eingliederung unter die ungeschriebenen Teamregeln
Er beschwert sich beim Chef (»Der Chef kocht sein eigenes Süppchen«, s. S. 84 f.).	Rache statt Reflexion ist keine Problemlösung.
Er droht mit Kündigung (»Zugzwang selbst verursacht«, s. S. 86 f.).	

Was tun bei Mobbing?

»Niemand kümmert sich um mich« – So bleibt man Opfer

Wer in eine Mobbingsituation verstrickt wird, der fühlt sich schwach und wird zunehmend dünnhäutig. Schon kleinere Unstimmigkeiten werden zu einer unerträglichen Belastung. Unruhe und Schlafstörungen erschweren die Suche nach einem Ausweg. Gefangen wie in einem Hamsterrad kreisen die Gedanken um die erlittenen Verletzungen und Kränkungen. Da wünscht man sich die gute Fee, die rettend eingreift, die Ungerechtigkeiten vehement zurückweist und die befürchtete Niederlage in einen Sieg verwandelt. Aber gerade in Mobbingsituationen ist man sehr allein. Da ist häufig niemand da, der sich um einen kümmert. Wohlmeinende Kollegen halten Distanz, da sie fürchten, in einen Abgrund mit hineingezogen zu werden. Selbst der eigene Lebenspartner ist jetzt keine zuverlässige Stütze. Zwar steht er meistens absolut voll hinter der leidenden Person, aber gerade wegen seiner unbedingten Parteilichkeit kann er in den Konflikt keine neuen Lösungsperspektiven einbringen. Er kann nur Anklagen wiederholen – und gerät damit selbst in das rotierende Hamsterrad.

Die Flucht in Selbstmitleid und Depression ist keine Lösung. Wer sich in einer Mobbingsituation als Opfer bezeichnet, verbessert nichts. Man erklärt sich selbst als schwach und hilflos, überlässt die Initiative seinen Gegnern und unterschreibt damit das eigene Urteil. Nur wenn die leidende Selbstfixierung überwunden wird, besteht eine Chance, das Betriebsklima zu verbessern. Wer hingegen in der Haltung verharrt »ich bin ein armes Schwein und bleibe ein armes Schwein«, findet keinen Ansatz für eine neue Offensive.

Die rasche Flucht durch Kündigung erleichtert bestenfalls kurzfristig. Denn eine neue Kränkung folgt, wenn man sich bewusst wird, dass man wie ein geprügelter Hund aus seiner Firma geflohen ist. Ungelöste Konflikte haben lange Beine. Wenn die Kränkung noch in den Knochen steckt, können sich schlechte Erfahrungen wie dunkle Schatten in die nächste Arbeitsstelle hineinziehen. Eine problemlösende Kündigung braucht deshalb mindestens eine gründliche Aussprache, damit die »bösen Geister« zurückbleiben.

Rettung beim Arbeitsgericht?

Der Gang zum Arbeitsgericht ist nur dann sinnvoll, wenn juristisch verwertbare Fakten vorliegen. Beispielsweise kleine Zettel mit bösartigen Anspielungen, die im Postfach gefunden wurden, belegbare finanzielle Verluste oder bezeugte erlittene Verunglimpfungen. Ein allgemein-feindseliges Arbeitsklima dürfte dem Arbeitsrichter für ein Urteil nicht ausreichen. Eine arbeitsgerichtliche Auseinandersetzung ist sehr langwierig und verschlechtert das Arbeitsklima zusätzlich. Selbst wenn man einen Prozess gewinnt, dürfte am Ende die Kündigung stehen – allerdings dann vielleicht mit einer finanziellen Abfindung. In der Regel bringt verhandeln mehr als verklagen.

Als Gemobbter müssen Sie drei Zumutungen überstehen, wenn Sie Ihre Lage verbessern wollen

Wenn Sie Mobbing beenden wollen, müssen Sie wie ein ausziehender Drachentöter drei Aufgaben bestehen, die Ihnen wahrscheinlich sehr unangenehm sind. Sie brauchen jetzt viel persönliche Überwindung, um die an Sie gestellten Zumutungen zu meistern. Aber ohne diese Anstrengung kommen Sie nicht aus der Opferrolle heraus!

- **Erste Zumutung: Teamkollegen einzeln befragen**
  Natürlich möchte man mit mobbenden oder sich ständig heraushaltenden (sprich feigen) Kollegen möglichst wenig zu tun haben. Distanz ist aber vor allem jetzt nicht angesagt. Sie müssen herausbekommen, wie Ihre Kollegen denken. Sie brauchen diese Informationen, um Ihr eigenes Verhalten zu reflektieren und um eine Lösungsstrategie zu entwickeln. Auch wenn es schwer fällt: Führen Sie Einzelgespräche mit Ihren Kollegen, vor allem auch mit denjenigen, die Ihnen gegenüber kritisch gesonnen sind. Vereinbaren Sie Termine und stellen Sie folgende Fragen:

— *Wie wird die aktuelle Situation von Ihnen eingeschätzt?*
— *Worin liegen die Ursachen und Auslöser?*
— *Welche Lösungsperspektiven sind denkbar?*

Natürlich werden Sie jetzt einige Erklärungen erfahren, die Sie für unrichtig halten. Lassen Sie sich aber nicht dazu verleiten sich zu verteidigen. Stellen Sie Ihre Fragen so sachlich wie ein Journalist, der gerade eine Reportage vorbereitet. Versuchen Sie die Begründungen für die jeweiligen Sichtweisen abzufragen: *»Welche Anhaltspunkte haben Sie dafür, dass Sie mich als Konfliktursache sehen?«.* Sie zwingen damit Ihr Gegenüber sich zu erklären, das heißt, die eigene Haltung zu begründen. Das macht betroffen. Sie müssen zu den Antworten keine Stellung beziehen, es reicht, wenn Sie sich freundlich für die Informationen bedanken. Sie gewinnen dadurch Zeit zum Nachdenken.

Wer kneift und Ihnen ein Einzelgespräch verweigert, setzt sich selbst ins Unrecht, da er zur Konfliktlösung nicht beitragen möchte. Der »Schwarze Peter« des »Blockierers« oder »Mobbers« bleibt dann an ihm haften. Ihren Gegnern wird es deshalb schwer fallen, sich den Gesprächen zu entziehen. Dafür wird man Ihr Verhalten als mutig empfinden. Wenn schon keine Zustimmung, so ist Ihnen wenigstens etwas Respekt sicher. Das ist der erste Schritt, mit dem Sie in die Offensive kommen!

- **Zweite Zumutung: Betriebsanleitung der Teamkollegen verstehen**
Wer möchte schon für seine Peiniger Empathie aufbringen, um diese auch noch zu verstehen? Hat man doch schon genügend Mühe diese zu vergessen! Vielleicht fällt das Verständnis leichter, wenn man weiß, dass Verstehen nicht Akzeptieren beinhaltet! Verständnis bedeutet nur, dass man die handlungsleitenden Motive seines Gegenübers herausfindet. Ziel ist es, die individuelle Betriebsanleitung einer Person zu studieren. Denn erst wer diese kennt, kann steuernd in Prozesse eingreifen. Dazu reicht es nicht aus, sich mit einer oberflächlichen Kurzdiagnose wie »ist verrückt« oder »hat eine Profilneurose« zu begnügen. Vielmehr sind folgende Fragen zu klären:

- *Welchen Vorteil zieht die Person Y aus ihrem Verhalten?*
- *Wie sieht ihr Weltbild aus?*
- *Was könnte für sie zur Zeit frustrierend sein?*
- *Welche Stellung hat sie im Team?*

Diese Fragen beantworten sich größtenteils von selbst, wenn Sie die Einzelgespräche der 1. Zumutung geführt haben. Dazu nützt Ihnen auch die »Checkliste für die Teamdiagnose«, die auf dieses Kapitel folgt.

- **Dritte Zumutung: Sich eigene Fehler eingestehen**
  Da das bisherige Verhalten offensichtlich nicht zum Erfolg geführt hat, müssen neue Blickwinkel zur eigenen Lage gefunden werden, um neue Handlungsstrategien zu entwickeln. Durch die geführten Einzelgespräche haben Sie jetzt zahlreiche Einschätzungen über die Konfliktursachen erhalten. Überlegen Sie sich, ob Sie wirklich in den vergangenen Auseinandersetzungen immer eine »reine weiße Weste« getragen oder sich bei einigen Situationen nicht doch ungeschickt verhalten haben. Versuchen Sie für die aktuelle Situation im Team das Geflecht der Ursachen zu beschreiben. Dafür bieten sich drei Kategorien an:

- *Von den gegnerischen Kollegen zu verantworten.*
- *Durch die Arbeitsstruktur (Stress, widersprüchliche Arbeitsvorgaben) oder durch unglückliche Zufälle (Missverständnisse) bedingt.*
- *Selbst zu verantworten.*

Naturgemäß ist der dritte Punkt am schwersten zu bearbeiten. Aber Sie machen sich keinen Gefallen, wenn Sie sich »in die Tasche lügen«. Prüfen Sie deshalb für sich in aller Ruhe die gegen Sie erhobenen Vorwürfe. Weisen Sie zurück, was Sie Ihrer Meinung nach nicht zu verantworten haben – akzeptieren Sie aber auch die eigenen Fehler. Errechnen Sie für sich selbst den prozentualen Anteil an den Konflikten. Ihre Bewertung braucht niemand zu erfahren.

Natürlich bestehen Sie die drei Zumutungen besser, wenn Sie sich kompetente Gesprächspartner suchen: einen Supervisor, einen

Coach, den Betriebsrat, ein Gewerkschaftsmitglied, einen Mobbingbeauftragten (in größeren Firmen inzwischen üblich), wohlgesonnene Kollegen etc. In vielen Behörden und Firmen gibt es auch eine schriftliche Mobbingvereinbarung, die Sie sich zur Orientierung anfordern können.

Lösungsstrategie: Ziele formulieren

Alle Achtung, wenn Sie die drei Zumutungen bisher erfüllen konnten. Sie sind dann wirklich »über Ihren Schatten gesprungen« und haben sich zu Ihrem Arbeitsleben eine neue Perspektive hart erarbeitet. Nun gilt es die Früchte einzusammeln.

Als Erstes steht eine Aussprache mit den Kollegen oder mit dem Arbeitgeber an. Unwahrscheinlich, dass sie Ihnen verweigert wird. Benennen Sie für sich Ziele, die Sie dabei erreichen wollen. Sortieren Sie diese in Minimal- und Maximalziele. Von unten nach oben sortiert könnte die Liste etwa folgendermaßen aussehen:

- Meine Position zu dem aktuellen Konflikt noch mal klar darlegen.
- Ehrenwerten Abgang erreichen.
- Gutes Arbeitszeugnis sichern.
- Als Kompromisslösung einen Teilauftrag (zum Beispiel freiberuflich) erhalten.
- Weihnachtsgeld behalten.
- Finanzielle Abfindung bekommen.
- Entschuldigung der mobbenden Kollegen erreichen.
- Weiterarbeit unter besseren Bedingungen erreichen.

Unwahrscheinlich, dass sich alle Ziele erfüllen, aber über einige erreichte Teilziele kann man sich auch freuen.

Zwölf Tipps für die Aussprache

Machen Sie sich klar, dass Sie das Ergebnis der Aussprache nicht bestimmen können. Aber Sie können Ihre Chancen steigern, wenn Sie sachlich und vernünftig argumentieren:

1. Stellen Sie sich gefühlsmäßig auf die Auseinandersetzung ein. Schauen Sie sich zum Beispiel vorher den Raum an, in dem die Aussprache stattfinden wird. Versuchen Sie, sich die dann anwesenden Personen vorzustellen. Das macht Sie später im Konfliktgespräch sicherer.
2. Vergegenwärtigen Sie sich die Argumente, die Ihre Gegner wahrscheinlich vorbringen werden. Sie kennen bereits den Großteil der Aussagen aus den von Ihnen geführten Einzelgesprächen.
3. Überlegen Sie sich im Vorfeld, wie Sie die Argumente der Mobber entkräften können. Bereiten Sie Ihre Argumentation mit einem kompetenten Gesprächspartner gründlich vor.
4. Wenn Sie früher grobe Fehler gemacht haben (beispielsweise beleidigend geworden sind oder wichtige Aufgaben vergessen haben), hat es keinen Sinn Tatsachen abzustreiten, die ohnehin jeder kennt. Geben Sie begangene Untaten von vornherein zu und entschuldigen Sie sich (wieder eine Zumutung) – sie nehmen damit Ihren Gegnern den Wind aus den Segeln.
5. Weisen Sie auf die schwierigen Rahmenbedingungen und Arbeitsstrukturen hin, die Sie persönlich stark belastet haben und die für gemachte Fehler mitverantwortlich sind.
6. Nachdem Sie eventuelle eigene Fehler zugegeben haben, sollten Sie sachlich das Fehlverhalten der Gegenseite deutlich darstellen. Wer von Ihnen Einsichtsfähigkeit fordert, muss auch selbst dazu in der Lage sein.
7. Lassen Sie sich von den Mobbern während der Aussprache nicht provozieren, indem Sie zum Beispiel (neue) Beleidigungen äußern. Machen Sie sich diese mögliche Falle von vornherein bewusst und zwingen Sie sich zu sachlich-distanzierten Aussagen. Sie bieten den Mobbern sonst eine neue Angriffsfläche!

8. Bieten Sie Lösungsvorschläge entsprechend der von Ihnen definierten Ziele an. Akzeptieren Sie gesichtswahrende Rückzieher der Mobber (»Ist doch ein Missverständnis«), wenn für die Zukunft Besserung gelobt wird. Vereinbaren Sie dann gleich neue Regeln für die weitere Zusammenarbeit.

9. Benutzen Sie das Flipchart oder Moderationskarten, um Ihre Position eindringlich zu visualisieren.

10. Bringen Sie eine schriftliche Vorlage mit wenigen prägnanten Thesen in die Aussprache mit, die Sie bei Bedarf vorlegen können. Zeigen Sie darin Verbesserungsvorschläge auf. Lassen Sie den Text von einer Person Ihres Vertrauens vorher prüfen.

11. Nehmen Sie, falls möglich, als Unterstützung einen Fürsprecher in die Sitzung mit. In der Regel ist das ein Personalratsmitglied.

12. Gönnen Sie sich »etwas Schönes«, wenn Sie die Auseinandersetzung überstanden haben – selbst dann, wenn Sie nicht sehr erfolgreich waren. Ihr Einsatz ist auf alle Fälle eine Belohnung wert – der Rest ist Glückssache!

Was können Sie als Kollege oder Vorgesetzter tun?

- Nehmen Sie sich für Gespräche Zeit.
- Sprechen Sie offen und sachlich an, was Sie beobachtet haben. Versuchen Sie aber weder zu dramatisieren noch zu beschönigen. Unglückliche Kollegen haben Engagement und Wahrheit verdient.
- Helfen Sie Mobbingopfern oder denjenigen, die sich dafür halten, die Arbeitssituation zu erfassen und Ziele zu definieren: »Was muss passieren, damit es Ihnen besser geht? Was können Sie dafür tun?«
- Besorgen Sie einen außenstehenden Coach oder Supervisor zur Konfliktklärung.

Das sollten Sie als Vorgesetzter vermeiden

Lassen Sie Ihre Mitarbeiter nicht in deren Konflikten kochen. Wenn Sie Auseinandersetzungen oder Mobbing wahrnehmen, sollten Sie schnellstmöglich einen gemeinsamen Gesprächstermin organisieren. Wenn Sie streitende Mitarbeiter auf einen Termin erst in einigen Monaten vertrösten, dann lähmen Sie bis zu diesem Zeitpunkt deren Arbeitskraft und schaden der Firma. Die verfeindeten Mitarbeiter gehen sich bis zur Aussprache aus dem Weg und feilen, jeder für sich, an ihrem Plädoyer. Dadurch verhärten sich die Fronten und eine gütliche Konfliktlösung wird immer unwahrscheinlicher.

Checkliste
für die Teamdiagnose

Als Teammitglied merkt man meistens zunächst nur, dass am Arbeitsplatz »irgendwas unrund« oder überhaupt nicht läuft. Das ist wie beim Auto, das nicht mehr richtig anspringen will. Man realisiert, dass es seinen Dienst verweigert, kennt aber noch nicht die Problemursache (Benzin zu Ende, Benzinleitung verstopft, Batterie defekt, Zündkerzen verschmutzt, Wackelkontakt bei den Zündkabeln?). Wer hier die richtige Diagnose verfehlt, bringt das Kraftfahrzeug nicht mehr zum Laufen. Ähnlich auch beim Team. Der gute Wille allein reicht nicht, wenn er nicht mit einer präzisen Fehleranalyse verknüpft ist. Dazu müssen mögliche Problemursachen sorgfältig abgeklopft werden:

- Mangelt es am Engagement oder sind die Ziele zu hoch gesteckt?
- Sind Probleme hausgemacht oder sind sie strukturell von außen bedingt?
- Fehlt es an Solidarität oder/und sind die Aufgaben unklar?
- Stören »nur« Missverständnisse oder handelt es sich um massive Konkurrenzen?
- Werden bei Auseinandersetzungen die größten Konfliktpunkte angesprochen oder nur Nebenthemen bearbeitet?

Gehen Sie die folgenden Punkte durch, um mehr über Ihr Team zu erfahren:

- Sind die Arbeitsziele realistisch?
- Welche Typen sind Ihre Kollegen?
- Risikofaktor Statusunterschiede
- Wie geht es Ihnen in der Teamsitzung?
- Fieberthermometer Pinnwand
- Wie empfinden die Kollegen den Arbeitsalltag?
- Welche Kooperationspartner lassen sich in Ihrem Team finden?
- Mikado: das Strukturprinzip für Ihr Team

Sind die Arbeitsziele realistisch?

Im Gegensatz zu den Teambeziehungen gibt es über Ziele und Zeitmanagement eine umfangreiche Fachliteratur. Letztendlich gipfelt sie in der Einsicht, dass Ziele nicht allgemein gehalten, sondern schon vor Beginn der ersten Arbeitsschritte präzise, realistisch und mit terminierten Unterzielen festgelegt werden müssen. Außerdem sind Zuständigkeiten rechtzeitig zu delegieren. Bleiben Ziele hingegen unrealistisch, dann sind die zu erwartenden Misserfolge »Motivationskiller« für das Team. Der entstehende Frust führt dann zu ausufernden Auseinandersetzungen, die nicht selten in persönliche Konflikte (»Ich hätte nicht gedacht, dass du so bist!«, s. S. 57 ff.) münden.

Warum werden Ziele häufig nicht erreicht?

Erstes Hindernis: Perfektionismus – »Hochzeitstorte statt Butterkeks«

Ein häufiges Hindernis in der Zielgeraden ist der eigene Perfektionismus, der eine einfachere Lösung nicht zulässt (»Die Arbeit ist nicht zu schaffen!«, s. S. 80 ff.). Die Zielverfehlung läuft dann nach folgendem Muster:

Der Kunde oder Klient wäre vielleicht schon mit einem Butterkeks aus dem Discountmarkt zufrieden, während sich der Mitarbeiter abmüht, ihm eine Hochzeitstorte zu backen – die er aber zum angefragten Zeitpunkt nicht fertig stellen kann. Besonders fatal wird es dann, wenn aus Zeitmangel nicht einmal die Kekse in Reserve bestellt wurden und der Kunde hungrig nach Hause gehen muss. Weniger Leistung ist mehr wert als ein hochgestochenes Qualitätsprodukt, das nicht zur Verfügung steht.

Zweites Hindernis: Ziele zu hoch – Handlungsspielraum zu niedrig

Manchmal sind Arbeitsziele nicht pünktlich erreichbar, weil sie zu hoch gesteckt wurden. Sie haben nur in den Bereichen eine Chance perfekt zu arbeiten, in denen Ihnen ein breiter Handlungsspielraum zur Verfügung steht. Viele Außenfaktoren (zum Beispiel unerwartete Änderung der Kundenwünsche, Produktionsausfälle oder Probleme der Lieferanten) können von Ihnen nur bedingt gesteuert werden. Rechnen Sie deshalb bei der Arbeitsplanung immer ein zeitliches Sicherheitspolster mit ein. Wer seinen Arbeitsauftrag in Minimal- und Maximalziele aufteilt, verkraftet eine Zielverfehlung besser, wenn er wenigstens auf erreichte Teilziele verweisen kann.

Drittes Hindernis: Arbeitsmittel – »Fiat 500 statt Porsche 911«

Um einen Arbeitsauftrag rechtzeitig zu erfüllen, können Sie gelegentlich selbst einen Fiat 500 mit 160 km/h über die Autobahn jagen. Diese Höchstleistung dürfen Sie nicht auf Dauer erwarten, da sonst das Gefährt mit einem Getriebe- oder Motorschaden bald den Dienst versagt. Ähnlich verhält es sich auch mit Ihren körperlichen und psychischen Ressourcen. Kurzfristige Spitzenleistungen sind nur dann möglich, wenn anschließend wieder Erholungs- und Reflexionsphasen folgen. Ansonsten treiben Sie Raubbau mit Ihren Kräften und schwächen Ihre Chancen bei zukünftigen Zielen.

Viertes Hindernis: Pflicht oder Kür?

Die Arbeit ist manchmal nicht zu schaffen – aber muss denn überhaupt alles geschafft werden? Manche Mitarbeiter erledigen Arbeiten, die eigentlich niemand so richtig schätzt. Dahinter können achtbare Werthaltungen (»Für mich gehört zu einer guten Arbeit auch …«) oder Hobbys stehen. Die Leistungen sind dann nur ein freiwilliges Engagement, da Leistungen erbracht werden, für die es keine Käufer gibt. Als subjektive Entlohnung gibt es für den Mitarbeiter dafür mehr Spaß am Job.

Manchmal ist es hilfreich, das eigene Tätigkeitsfeld in Pflicht- und Kürbereiche zu unterscheiden. Die Pflicht muss erledigt werden, die Kür ist eine freiwillige Leistung, für die Sie niemand (außer Sie sich selbst) verantwortlich machen kann. Schön, wenn Sie Muße und Verantwortungsbewusstsein für die Kür haben – aber machen Sie sich keine Sorgen, wenn es mal nicht gelingt.

Fünftes Hindernis: Arbeitsauftrag unerfüllbar – Zielkonflikte

Kennen Sie das Kinderspiel, bei dem man mehrere kleine Kügelchen in einer durchsichtigen Dose durch Bewegung in die vorgesehenen Mulden rollen muss? Es gelingt nur ganz selten, da die alten Kügelchen immer wieder herausrollen, wenn neue ihren Platz gefunden haben. Eine ähnliche Sisyphusarbeit entsteht am Arbeitsplatz, wenn mehrere Ziele gleichzeitig erfüllt werden müssen. Leider wieder kein erfundenes Beispiel:

> Die Lehrwerkstätte eines metallverarbeitenden Betriebes hat gleichzeitig drei Ziele zu erfüllen:
>
> - Alle Lehrlinge sollen möglichst gut die Gesellenprüfung bestehen.
> - Die Lehrwerkstätte soll verkäufliche Produkte herstellen und eine fixierte Summe Gewinn erwirtschaften.
> - Einige lernschwache Jugendliche sollen mit aufgenommen werden, da der Betrieb dafür vom Arbeitsamt eine lukrative finanzielle Förderung erhält.

Hier sind die mit der Ausbildung betreuten Meister in der Zwickmühle, denn die lernschwachen Jugendlichen kommen unter normalen Umständen nicht zum Gesellenbrief. Welche Maßnahme sie auch ergreifen, mindestens ein Ziel bleibt immer auf der Strecke:

- Einzelnachhilfestunden für schwache Lehrlinge kosten viel Zeit. Darunter leiden die Produktion und die Verkaufserlöse.
- Wenn die Meister das Anspruchsniveau ihrer Ausbildung verringern, wird für die Prüfung zu wenig gelernt. Schlecht vorbe-

reitete Lehrlinge schaffen aber den Abschluss erst recht nicht. Außerdem unterfordern und frustrieren sie die leistungsstärkeren Lehrlinge. Diese suchen sich dann eine andere Lehrstelle.

- Ignorieren die Meister die Defizite der betreffenden Jugendlichen, wird die Gesellenprüfung nicht bestanden. Das Arbeitsamt ist dann enttäuscht und streicht zukünftig die finanzielle Förderung.

Logisch, dass die Ausbilder mit ihrer Arbeit ständig unzufrieden sind. Die von der Geschäftsleitung eingeforderten drei Arbeitsziele können nicht gleichzeitig eingehalten werden. Bei einem Zielkonflikt hilft nur noch eine Prioritätenliste (Geld, Zeit oder Gesellenbrief?), die mit dem Arbeitgeber abgestimmt werden muss (»Die Arbeit ist nicht zu schaffen!«, s. S. 80 ff.).

Welche Typen sind Ihre Kollegen?

Grundsätzlich gibt es im Team zwei unterschiedliche Mitarbeitertypen:

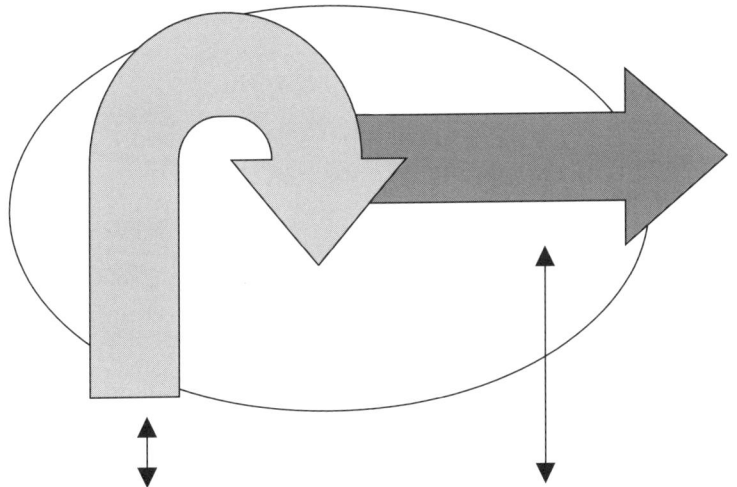

Zum Mittelpunkt hinstrebend (zentripetal)
Zentripetale Kräfte mobilisieren Mitarbeiter, die **Gemeinsamkeiten des Teams** in den Vordergrund stellen und Teamkonflikte ausgleichen. Ihre Wirkung kann für das Team positiv oder negativ sein: Sie können **Mitarbeiter versöhnen** oder mit ihrer gutgemeinten »**Harmoniesoße**« zukünftige Entwicklungen blockieren.

Vom Mittelpunkt wegstrebend (zentrifugal)
Zentrifugale Kräfte mobilisieren Mitarbeiter, die das Team **polarisieren** oder/und sich sehr stark an eigenen Interessen orientieren. Ihre Wirkung kann für das Team positiv oder negativ ausfallen: Sie können dem Team **neue Denkanstöße** geben oder durch ihren Egotrip die solidarische **Teamkultur zerstören**.

Ihr Team befindet sich im Gleichgewicht, wenn die beiden Kräfte ungefähr gleich stark sind. Versuchen Sie Ihre Kollegen in das grobe Raster der zentripetalen und zentrifugalen Kräfte einzuteilen. Denn je besser Sie Ihre Kollegen kennen, umso geschickter können Sie sich in Ihrem Team verhalten. Für die genauere Zuordnung nutzen Sie die Bremsen aus den Seiten 17 bis 68.

Risikofaktor Statusunterschiede

Status- und Standesunterschiede waren und sind Auslöser für viele Kriege. Sie sind Risikofaktoren für Konflikte. Es gibt aber auch Beispiele dafür, dass verschiedene Menschen friedlich zusammenleben und sich sogar gegenseitig fördern. Nicht viel anders ist es im Team, wenn unterschiedliche Menschen zusammenarbeiten: Unterschiede können befruchten oder Rivalitäten anheizen. Wie ist es in Ihrem Team? Achten Sie auf äußere und formale Unterschiede und analysieren Sie, wie diese die Teamdynamik, im Guten wie im Schlechten, beeinflussen.

Klassische Risiken für Ärger im Team sind

- **Junge und alte Mitarbeiter:** Zwischen den Generationen spritzt nicht selten das Gift der Konkurrenzen. Die »alten Hasen« sehen es meistens sehr gerne, wenn sich die jungen Mitarbeiter den bestehenden Arbeitsstrukturen größtenteils unterordnen. Dieses Verhalten empfinden sie als Bestätigung ihrer langjährigen Leistungen. Die neuen Mitarbeiter hingegen möchten vielleicht andere Wege ausprobieren und dabei eigene Erfahrungen sammeln. Selbst gut gemeinte Ratschläge können als bevormundend oder gar als Aggression: »Rat-Schläge« (»Revierkämpfe«, s. S. 18 ff.) aufgenommen werden.
- **Teilzeit- und Vollzeitkräfte:** Eigentlich eine selbstverständliche Sache: Wer weniger arbeitet, bekommt entsprechend weniger Geld. Trotzdem – viele Vollzeitkräfte fühlen sich im Stich gelassen, wenn der »Teilzeitler« den Dienst verlässt und sie allein zurücklässt. Wer sich angenehmere Arbeitszeiten finanziell nicht leisten kann, wird rasch neidisch. Erschwerend kommt hinzu,

dass die Teilzeitkraft wegen ihrer häufigen Abwesenheit die Entwicklungsprozesse im Team nicht so gut nachvollziehen kann. Wenn für Verständigung und Austausch zu wenig Zeit übrig bleibt, dann sind zumindest Missverständnisse programmiert.

- **Unterschiedliche Entlohnungen:** Die Vielzahl der Ausbildungsabschlüsse führt zu differenzierten Entlohnungen. In der Industrie zum Beispiel bei Meistern, Fachhochschul- und Universitätsabsolventen. Im öffentlichen Dienst hängt die Höhe der Einkünfte neben der Qualifikation vom Lebensalter ab. Unterschiedlich hoher Lohn für gleiche oder ähnliche Arbeit – das schafft oft Neid und Ärger. Manche Mitarbeiter empfinden es als eine persönliche Kränkung, wenn auf ihrem Gehaltszettel nicht mindestens die gleiche Summe wie beim Kollegen steht. Um diese Konfliktquelle zu verstopfen, wird in vielen Firmen vertraglich eine Schweigepflicht über die Gehaltshöhe vereinbart. Häufig wird übersehen, dass Wertschätzung für die geleistete Arbeit sich nicht nur in Geld, sondern auch in guten Arbeitsbedingungen und dem positiven Feed-back der Zielgruppen zeigen kann.

- **Unterschiedliche Ausbildungen und Berufsabschlüsse:** Unabhängig von der Entlohnung entstehen in vielen Einrichtungen zähe Konflikte, wenn die verschiedenen Berufsgruppen ihre Leistungen gegenseitig nicht schätzen. Der Jurist findet seinen Psychologen-Teamkollegen vielleicht emotional zu kompliziert, der Psychologe den Juristen dagegen zu formalistisch. Der Fachhochschulabsolvent ist Stolz auf seine praxisbezogene Ausbildung, der Kollege mit Universitätsabschluss hofft dagegen (wohl vergebens) auf Anerkennung seiner theoretischen Leistungen. In Krankenhäusern werden viele Energien durch Rivalitäten zwischen Ärzten, Pflegepersonal und Verwaltungskräften gebunden.

- **Arbeitsmittel:** Es müssen nicht gleich die unterschiedlichen Dienstwagen sein, an denen sich Rivalitäten entzünden. Manchmal reicht schon ein neuer Kopierer, ein leistungsfähigerer PC oder ein größerer Bildschirm des Kollegen, um am Arbeitsplatz Neid und Missgunst anzufachen. Ein besonders umkämpftes Statussymbol ist das Büro: Wer hat das schönste oder größte?

- **Urlaubsplanung:** Die »Hackordnung« am Arbeitsplatz zeigt sich oft bei der Urlaubsplanung. Manche Zeiten sind besonders beliebt, wie zum Beispiel Schulferien oder so genannte »Brückentage« (liegen zwischen einem Feiertag und dem Wochenende). Manche Mitarbeiter schaffen es immer wieder, die beliebtesten Termine für sich zu sichern.

- **Ehrenamtliche und Hauptamtliche:** Viel Arbeit aber kein Geld, das ist die Situation der Ehrenamtlichen in vielen Vereinen. Während Angestellte auf ihre Gehaltserhöhung und die strikte Einhaltung der Arbeitszeit pochen, gehen die Vorstandsmitglieder leer aus. Wenn die Ehrenamtlichen nicht genügend Anerkennung erhalten, dann werden Mandate schnell im Zorn niedergelegt.

- **Mitarbeiter in der Probezeit, Praktikanten und Festangestellte:** Wenig kritikfreudig sind Mitarbeiter in der Probezeit, wenn sie an der Übernahme in ein festes Arbeitsverhältnis interessiert sind. Sie halten sich vorsichtshalber lange mit kritischen Äußerungen zurück bis der Kündigungsschutz greift. Praktikanten haben es da besser. Sie dürfen meist offen Teamkritik äußern, ohne dass man ihnen das so schnell übel nimmt. Warum? Sie sind nur für kurze Zeit im Betrieb und besitzen einen niedrigen Status. Deshalb werden sie von den Kollegen als weniger gefährlich eingeschätzt. Aber wehe, wenn die gleiche Kritik von einem festangestellten Kollegen oder gar einem Vorgesetzten kommt! Dann liegen die Nerven blank und die Frustrationstoleranz kann rasch auf Null zurück gehen. Die Bereitschaft, Probleme am Arbeitsplatz anzusprechen und auch anzuhören, hängt von der beruflichen Position ab.

- **Vorgesetzte und Untergebene:** Manche Teams finden sich so nett, dass sie die internen Hierarchiestufen übersehen. Aber Vorsicht! Auch der sympathischste Chef muss unangenehme Entscheidungen treffen wie Arbeitszuständigkeiten und Urlaubsvertretungen. Ob dann die Sympathie noch hält? Vielleicht ist es deshalb für beide Seiten besser, wenn die Hierarchieunterschiede nicht verwischt werden. Man schützt sich dadurch vor Enttäuschungen.

- **Wie können sich diese Unterschiede im Teamalltag auswirken?** Jeder steht mal unter Druck. Da liegt es nahe, dass man sich dafür einen Schuldigen sucht. Irgendwohin muss »der schwarze Peter«, der einem unbemerkt in die Tasche gesteckt wurde, weitergereicht werden. Dann müssen beispielsweise die »unerfahrenen und undankbaren« jungen Mitarbeiter, die Teilzeitkräfte, die sich »immer heraushalten«, die angeblich mangelhaft ausgebildeten oder überbezahlten Kollegen herhalten. Aus strukturellen Unterschieden werden dann rasch persönliche Abwertungen und Rivalitäten, ohne dass das den Beteiligten bewusst ist. Sie finden sich dann in einem Gewirr von Arbeitsdruck, Neid, eigenen Ansprüchen und Kränkungen verstrickt, aus dem sie ohne Hilfe nicht mehr herausfinden.

Wie geht es Ihnen in der Teamsitzung?

»Wir kommen nicht zu Potte!«

Ihr Team kommt erst dann zum gemeinsamen Arbeiten, wenn

- alle Mitarbeiter eingetroffen sind;
- die Gesprächsführung festgelegt ist;
- Aufgaben und Gesprächsthemen vorliegen;
- die wichtigsten Fragen vorrangig angegangen werden.

Wenn der Rahmen Ihrer Teamsitzung nicht stimmt, können Sie das an folgenden Zeichen sehen

- Teamsitzungen werden häufig verschoben oder fallen gar ganz aus.
- Einige Teammitglieder kommen öfters zu spät.
- Die vorgesehene Zeit wird fast immer überschritten, da man sich an Nebensachen zu lange aufhält.
- Die wichtigsten (»Die Arbeit ist nicht zu schaffen!«, s. S. 80 ff.) Themen werden nur halb besprochen und auf spätere Sitzungen verschoben.
- Einige Teammitglieder neigen zum Monologisieren.
- Falls vorhanden: Der Teamleiter will oder kann nicht strukturieren.

Ihre Gefühle in der Teamsitzung

Der beste Indikator für den Zustand Ihres Teams sind Sie selbst. Was empfinden Sie, wenn Sie an der Teamsitzung teilnehmen? Spüren Sie mehr Lust oder Unlust? Vielleicht erfahren Sie mehr über die Licht- und Schattenseiten Ihres Teams, wenn Sie sich die folgenden Fragen beantworten:

	1	2	3	4	5
Gehe ich gerne in mein Team?	☐	☐	☐	☐	☐
Bin ich froh, wenn die Sitzung endlich zu Ende ist?	☐	☐	☐	☐	☐
Empfinde ich die Teamsitzung anstrengender als die sonstige Arbeit?	☐	☐	☐	☐	☐
Schweifen meine Gedanken häufig ab?	☐	☐	☐	☐	☐
Gibt es manchmal Highlights, die beflügeln?	☐	☐	☐	☐	☐
Fällt es mir manchmal schwer zu sprechen? Hören mir die anderen überhaupt zu?	☐	☐	☐	☐	☐
Werde ich unruhig, wenn Kollege X das Wort ergreift?	☐	☐	☐	☐	☐
Werde ich müde oder bekomme ich gar Kopfschmerzen?	☐	☐	☐	☐	☐
Fühle ich mich nach der Teamsitzung gestärkt?	☐	☐	☐	☐	☐

1 = ja   2 = meistens   3 = unterschiedlich   4 = selten   5 = nein

Versuchen Sie jetzt zuzuordnen, wodurch Sie sich von Ihrem Team motiviert und wodurch Sie sich gelähmt fühlen.

Meine Teambesprechung	
lähmt mich, wenn	**motiviert mich, wenn**
es zu lange dauert	Meier die Gesprächsführung in die Hand nimmt
mir die Ziele nicht mehr klar sind	Huber nicht da ist
gerade viel zu tun ist und ich wegen dem Team nicht zu meiner Arbeit komme	
kein Diskussionspunkt richtig zu Ende besprochen wird	
Bilanz: mehr negativ – vielleicht sollte ich mal mit Meier reden, damit wir mehr Struktur in die Besprechung bekommen!	

Kollegen, die Sie als nervend empfinden, könnten (unbewusste?) Konkurrenten von Ihnen sein. Kollegen hingegen, die Interesse an Ihren Redebeiträgen zeigen, sind wahrscheinlich Kooperationspartner. Ziehen Sie für sich Bilanz: Haben Teamsitzungen für Sie tendenziell mehr positive oder mehr negative Seiten? Gehen Sie ruhig davon aus, dass es einigen oder vielleicht sogar allen Kollegen im Team so ähnlich wie Ihnen geht. Fragen Sie einmal vorsichtig nach! Vielleicht finden Sie weitere Kooperationspartner, die mit Ihnen zusammen den Teamalltag verbessern können.

Fieberthermometer Pinnwand

Jedes Team hat gute und schlechte Seiten. Und jede Teamsitzung ist immer wieder anders. Trotzdem gibt es einige Zeichen, die Ihnen Informationen über den Seelenzustand Ihrer Kollegen oder Mitarbeiter liefern können. Nutzen Sie diese Zeichen als Fieberthermometer! Jedes von ihnen kann ein Mosaiksteinchen sein, das zusammen mit vielen anderen Steinchen die Teamdynamik abbildet. Und je besser Sie Ihr Team verstehen, umso erfolgreicher werden Sie darin handeln können. Aber Vorsicht: Die zusammengefügten Mosaike sind nur kreative Hypothesen und keine absoluten Wahrheiten. Nerven Sie deshalb nicht Ihr Team mit dogmatischen Deutungen.

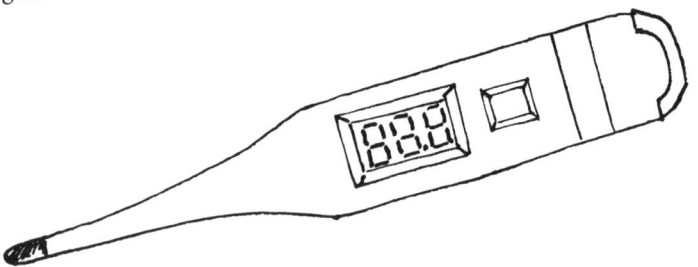

Ist Ihr Team kalt, warm oder heiß?

Manchmal genügt ein Blick auf die Pinnwand und man weiß, was ein Team beschäftigt. Da hängen neben Urlaubspostkarten, Terminhinweisen und Zeitschriftenartikeln Sprüche, die individuelle Temperaturen offen legen. Das sind wertvolle Informationen, die Sie nur auszuwerten brauchen, um die Seelenlage und die Werthaltungen Ihres Teams zu erkunden. Ich habe bisher gesammelt:

- **»Die Welt ist ein Irrenhaus, aber hier ist die Zentrale!«** – Das bedeutet: Dieses Team hat seinen Arbeitsauftrag und seine Ziele aus den Augen verloren. Viel Motivation kommt da nicht mehr auf. Diagnose: 35 Grad Celsius, stark unterkühlt.
- **»Knapp daneben ist auch vorbei!«** – Das bedeutet: Dieses Team hat sehr bzw. zu hohe Ansprüche. Nur das perfekte Ergebnis wird als Erfolg gewertet, alles andere wird vernachlässigt. Ob das lange gut geht? Diagnose: 40 Grad Celsius, hohes Fieber.
- **»Bitte nicht stören, Genie bei der Arbeit!«** oder **»Hier verkommt ein Genie!«** – Das bedeutet: Hier fühlt sich jemand in seinen Fähigkeiten nicht gewürdigt. Diagnose: 38 Grad Celsius, leicht verschnupft.
- **»Lieber Gott, schenke mir Geduld, aber schnell!«** – Das bedeutet: Hier ist jemand nicht nur gestresst, sondern findet außerdem den Arbeitsauftrag unsinnig. Hier pendelt jemand zwischen Hyperaktivität und Arbeitsverweigerung. Diagnose: Wechselfieber.
- **»So lange Ihr so tut, als würdet Ihr mich bezahlen, so lange tue ich so, als würde ich arbeiten«** – Das bedeutet: Hier rächt sich jemand mit Arbeitsverweigerung wegen angeblich zu schlechter finanzieller Wertschätzung. Diagnose: 36 Grad Celsius, unterkühlt.
- **»Morgen nach der Teamsitzung gebe ich zu meinem Geburtstag Kaffee und Kuchen aus!«** – Das bedeutet: Hier wird gemeinsam gearbeitet und gemeinsam gefeiert. Diagnose: 37 Grad Celsius, Wohlbefinden.

Wie empfinden die Kollegen den Arbeitsalltag?

In jeder Arbeitsstelle wimmelt es von kleinen Codes, die man nur zu knacken braucht, um Geheimnisse eines Teams zu lüften. Hier ist ein geschärfter Blick gefragt, wie er Schatzsuchern, Linguisten oder Archäologen zu eigen ist. Einige Themenfelder sind für die Untersuchung besonders viel versprechend.

Wie wird der Stress beschrieben?

Viele Mitarbeiter sind sich gar nicht bewusst darüber, wie stark der Arbeitsalltag ihr Denken und ihre Empfindungen prägt. Der Stress und die Unzufriedenheit, die mal in jeder Arbeitsstelle vorkommen, werden entsprechend dem Arbeitsumfeld empfunden und ausgedrückt. Folgende Äußerungen habe ich gesammelt:

- **Restaurantleiter:** *»Unser Teamentwicklungsprozess ist nicht schlecht, aber mir fehlt das Sahnehäubchen.«*
- **Bewährungshelfer:** *»Die Arbeitsbedingungen stressen unheimlich, man müsste da ausbrechen.«*
- **Sozialarbeiterin aus der Psychiatrie:** *»Die Arbeit hier zieht mich völlig runter – ich bin wie gespalten.«*
- **Ingenieur für Elektrotechnik:** *»Wir stehen immer unter Strom.«*

Mit was man sich regelmäßig beschäftigt, das prägt sich ein. Ohne darüber groß nachzudenken, benutzt man Begriffe aus der täglichen Arbeit, um die eigene Lage zu beschreiben. Vorteil: Jedes Teammitglied versteht sofort, was gemeint ist. Nachteil: Festgefügte Denkstrukturen können sinnvolle Veränderungen erschweren – vor allem dann, wenn sie unbewusst sind.

Kaffeetassen – die Hofnarren des Teams

Für die Kurzanalyse bieten sich auch die Texte auf dem Kaffeegeschirr an. Denn in vielen Teams sind Kaffeetassen »Hoheitsgüter«: Sie sind bestimmten Mitarbeitern zugeordnet und dürfen nur von diesen benutzt werden. Meistens wurden sie von Kollegen zum Geburtstag geschenkt und bleiben über Jahre hinweg voller Dankbarkeit im Gebrauch. Ironisch und zugleich treffend werden mit ihnen teaminterne Rollenzuweisungen öffentlich dokumentiert. Zum Beispiel: *Ich bin der Chef, Papa, Unser Liebling, Gabi die Fürsorgliche, Erika die Perfekte, Tolle Biene, Kleines Arschloch, Mach' mal Pause, Brotzeit ist die schönste Zeit, Ich hasse Montage.*

Die beschrifteten Kaffeetassen sind die Hofnarren des Teams. Sie übertreiben und verzerren – und enthalten doch ein »Körnchen Wahrheit«. Nachfragen, warum jemand eine bestimmte Tasse hat, kann zu informativen Gesprächen führen.

Wie ist die Stimmung in den Arbeitspausen?

Manchmal kann man nur in den Arbeitspausen sein »wahres Ich« zeigen. Man fühlt sich privat und wird etwas lockerer. Interessant zu beobachten, ob sich jetzt die Stimmung verändert. Kommt jetzt ein gut gelauntes Erfolgsgefühl auf oder entlädt sich Spannung in plumpen Anspielungen und Aggressionen? Geht es witzig, lustig, albern oder zynisch (»Zynische Kollegen«, s. S. 23 ff.) zu? Achten Sie darauf, wie der Kunde, Klient, Schüler oder Patient beschrieben wird. Werden Personen würdig behandelt oder flüchtet man sich in selbstgefällige Ironie? Vorsicht! Hinter einer souveränen Fassade steckt viel Frust, wenn andere pauschal als *Quatschköpfe, Nervensägen* und *Kasperl* abgewertet werden. Ein Burn-out klopft dann schon an der Tür. Problematisch sind auch folgende Beschreibungen der Zielgruppe: *»Hier wäre es echt super, wenn wir keine Kunden/Klienten/etc. hätten!«* oder *»Die könnte ich alle in der Pfeife rauchen!«* oder *»Mir kann keiner was, aber mich können alle!«*

Welche Kooperationspartner lassen sich in Ihrem Team finden?

Natürlich werden Sie sich diejenigen Personen als Kooperationspartner für Teamverbesserungen aussuchen, die auf Ihrer Wellenlänge liegen. Aber wer ist das? Zwei Wege bieten sich an, dies herauszufinden.

Stärken-/Schwächenprofil der Kollegen einschätzen

Bewerten Sie sich selbst und Ihre Kollegen mit Schulnoten entsprechend der Kompetenzen. Nutzen Sie dazu eine Tabelle:

Kompetenzen	Ich	Maier	Huber	Müller
Kommunikation	2	2	5	1
Fachkompetenz	4	3	1	4
Organisation	3	4	3	3

- **Kommunikation** bedeutet die Fähigkeit zuzuhören, zu vermitteln und auf andere einzugehen.
- **Fachkompetenz** bedeutet die fachliche Eignung für die Tätigkeit. Wie gut kennt man sich im Arbeitsgebiet aus?
- **Organisation** bedeutet die Zuverlässigkeit und Souveränität, mit der Arbeitsabläufe organisiert werden.

Wer in den Noten Ihnen ähnlich ist, könnte zu Ihnen passen. Wie wäre es mit Müller? Berichten Sie ihm doch mal von Ihren Teambeobachtungen.

Wer gehört zu wem?

Nehmen Sie einen großen weißen Bogen Papier und legen Sie so viele kleinere Gegenstände (Münzen Stifte etc.) darauf, wie Sie Mitglieder in Ihrem Team haben. Versuchen Sie jedem Teammitglied einen Gegenstand zuzuordnen. Verbindungen und Distanzen der Personen symbolisieren Sie durch die Abstände der ausgelegten Gegenstände. Schreiben Sie auf das Papier die typischen Eigenschaften eines jeden Teammitglieds. So erhalten Sie ein Soziogramm von Ihrem Team. Jetzt fällt es Ihnen leichter, Kooperationspartner zu finden.

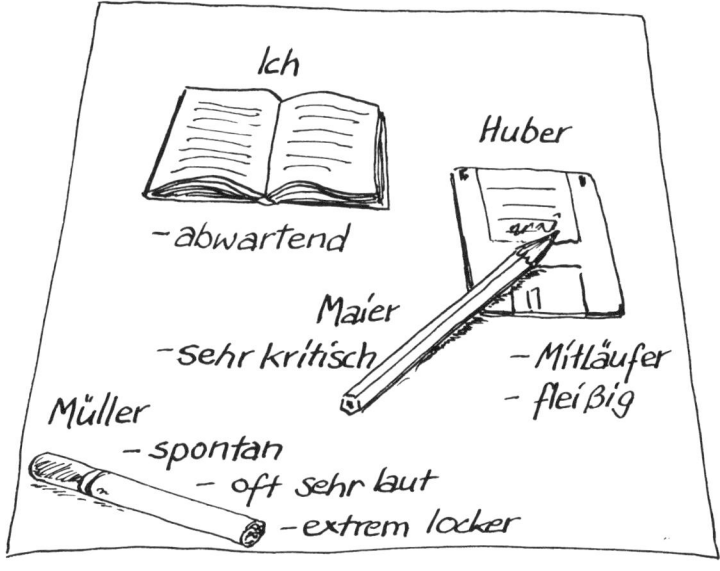

Müller und Huber haben in diesem Team einen guten Draht zueinander. Maier und Ich sind wohl Einzelkämpfer. Ob wir uns zusammentun sollten – nicht gegen die anderen sondern für unser Team?

Mikado: das Strukturprinzip für Ihr Team

Die Idee

Sie kennen die geringelten Stäbchen, die bei Spielbeginn in einem bunten Haufen durcheinander liegen und sich gegenseitig blockieren? Stellen Sie sich vor, jeder Stab symbolisiert eine Aufgabe oder Herausforderung Ihres Teams. Beim Mikado, wie am Arbeitsplatz, liegen viele Faktoren (Stäbe) durcheinander, blockieren und stören sich gegenseitig. Es geht nun darum, die Konstellation aufzulösen, indem die Stäbe möglichst erschütterungsfrei und effektiv abgehoben werden. Sorgfältiges Abtasten der Problemstellung und ein umsichtiges Entfernen der Stäbchen führt schließlich zur Aufhebung der Blockaden. Die Situation entkrampft sich und neue Entwicklungen werden möglich!

Die Übung mit Partner

1. Faktoren sammeln

Übertragen Sie das Mikado als Strukturprinzip für Ihr Team. Schreiben Sie auf Papierstreifen je einen Faktor, der für die Arbeit im Team wichtig ist. Benutzen Sie dazu als Reflexionshilfe diese Checkliste:

- **Persönliche Bedürfnisse** nach Anerkennung und Wertschätzung, Zuneigung, Sicherheit.
- **Zusammenarbeit:** Kompetenzen, Animositäten und Rivalitäten, Verhalten der Leitung.
- **Rahmenbedingungen:** Termindruck, ungeklärte Arbeitsaufträge, Ziele.

2. Bewerten

Jetzt haben Sie einen Stapel Papierstreifen vor sich liegen, die jeweils mit einer Bemerkung passend zu Ihrem Team versehen sind (zum Beispiel »Kompetenzen zwischen A und B unklar«).

Bewerten Sie jede Aussage auf den Papierstreifen mit

- sehr wichtig (zwei Sternchen),
- wichtig (ein Sternchen),
- weniger wichtig (ohne Sternchen).

Legen Sie dann die beschrifteten Streifen wie beim Mikado – was zusammenhängt oder sich gegenseitig blockiert kommt übereinander.

3. Vorschläge anhören

Jetzt haben Sie die Problemstruktur Ihres Teams anschaulich vor sich liegen.

- Erklären Sie einem Partner, was sich an Ihrer Arbeitsstelle abspielt.
- Benennen Sie das Hauptproblem (der Mikado) Ihres Teams.

- Bitten Sie den Partner, das Mikado aufzulösen, ohne dass in Ihrem Team zu viele Turbulenzen entstehen. Laut der Spielregel des Mikados beginnt man mit denjenigen Stäbchen, die am leichtesten abzuheben sind.
- Fragen Sie Ihren Partner, wie und mit wem er die dazu erforderlichen Gespräche führen würde.
- Lassen Sie sich erklären, warum er seinen eingeschlagenen Weg für den einfachsten hält, bzw. ob noch Handlungsalternativen denkbar sind.

4. Problementflechtung in der Praxis

- Werten Sie die Ideen Ihres Partners aus. Hat er das gleiche Hauptproblem wie Sie gesehen?
- Was könnte vorrangig getan werden, um die Teamsituation zu verbessern?
- Nehmen Sie sich einen zeitlichen Rahmen für die Problemlösung vor.
- Versuchen Sie die Lösungsidee in Ihrem Alltag umzusetzen.

Mikado ist kraftsparend

Da das Mikadoprinzip ruhig und umsichtig ein (Problem-)Stäbchen nach dem anderen abhebt, ist es relativ kraftsparend. Es versucht nicht den »gordischen Knoten« mit Hilfe von Konfrontationen und Anklagen zu zerschlagen. Zu große Erschütterungen widersprechen der Spielregel. Schritt für Schritt werden kleinere Verbesserungen erreicht und dadurch das Hauptproblem (der Mikado) langfristig freigelegt. Das Mikadoprinzip eignet sich besonders bei komplexen Problemstrukturen.

Nachwort

Was niemand gerne hört

Sie haben jetzt Ihre Kollegen analysiert und Bremsen in Ihrem Team entdeckt. OK, das ist gut so. Aber vergessen Sie bitte nicht: Sie sind selbst auch ein Mitglied Ihres Teams und damit Ursache der Erfolge und Probleme. Gut möglich, dass auch Sie einige Bremshebel bedienen, die Ihr Team blockieren. Vielleicht sind Sie sogar unabsichtlich daran beteiligt, wenn Kollegen in Rollen hineingetrieben werden und sich dann als Zyniker, Falke, »Teamflüchter« oder weißer Rabe wieder finden. Nehmen Sie deshalb unangenehmes Feedback nicht auf die leichte Schulter, sonder analysieren Sie selbstkritisch, ob darin vielleicht nicht ein »Körnchen Wahrheit« enthalten sein könnte. Jeder ist ein wichtiges Teil des »Systems Team« und trägt deshalb an den Prozessen eine Mitverantwortung. Aber gerade deshalb, weil auch Sie, der Sie gerade dieses Buch in den Händen halten, zu Ihrem Team dazugehören, haben Sie die Chance und das gute Recht, die Prozesse zu verbessern. Ich wünsche Ihnen dazu viel Erfolg!

Literaturhinweise

Wenn Sie mehr lesen möchten

Ausfelder, T.: Mobbing Konflikte am Arbeitsplatz erkennen, offen legen und lösen. München 2000.

Cava, R.: Kein Problem mit schwierigen Menschen: Allen Mitarbeitern, Kollegen, Chefs und Kunden richtig begegnen. mi-verlag moderne industrie, Landsberg/Lech 2000.

Esser, A./Wolmerath, M.: Mobbing. Der Ratgeber für Betroffene und ihre Interessenvertretung. Bundverlag [2]1998.

Gerth, A./Sing, E.: Knatsch, Zoff und Keilerei. Reihe Selbstverwaltung AG SPAK, München 1992.

Grove, A.S.: Nur die Paranoiden Überleben – Strategische Wendepunkte vorzeitig erkennen. Campus, Frankfurt/M. New York 1997.

Hesse J./Schrader H.C.: Krieg im Büro. Konflikte am Arbeitsplatz und wie man sie löst. Ratgeber für Betroffene und Vorgesetzte. Eichborn, Frankfurt/M. 1993.

Kellner, H.: Konflikte verstehen, verhindern, lösen. Hanser, München 2000.

Leymann, H.: Mobbing. Psychoterror am Arbeitsplatz und wie man sich dagegen wehren kann, Rowohlt TB, Reinbek bei Hamburg, [12]2000.

Lipp, U./Will, H.: Das große Workshop-Buch. Beltz, Weinheim und Basel [5]2001.

Lurse, K.: Manager und Mitarbeiter brauchen Ziele. Führen mit Zielvereinbarungen und variable Vergütung. Luchterhand, Neuwied 2001.

Nagel, R.: Das Mitarbeitergespräch als Führungsinstrument. Klett-Cotta, Stuttgart 1999.

Perls, F.S./Hefferline, R.F./Goodman, P.: Gestalt-Therapie, Lebensfreude und Persönlichkeitsentfaltung. Klett-Cotta, Stuttgart 1985.

Rischar, K.: Schwierige Mitarbeitergespräche erfolgreich führen. MVG Verlag, München 1991.

Rupprecht-Stroell, B.: Mobbing – nicht mit mir! Langen Müller/ Herbig, München 2000.

Schulz von Thun, F.: Klärungshilfe, Handbuch für Therapeuten. Gesprächshelfer und Moderatoren in schwierigen Gesprächen. Rowohlt TB, Frankfurt/M. 1988.

Schwarz, G.: Sozialmanagement. Fachhochschulschriften München 1994.

Stöger, G.: Besser im Team. Beltz, Weinheim und Basel 2000.

Wieke, Thomas: Meetings: Wie Sie sich durchsetzen – wie Sie Ihre Ziele erreichen. Eichborn, Frankfurt/M. 2000.

Will F.: Die Last der Selbstbestimmung, Widersprüche in Sozialarbeit, Strafjustiz und Psychiatrie, Fachhochschulschriften München 1993.

Bildnachweis

S. 12, 130, 135, 137 Ulrike Rath, Aachen
S. 17 Björn Hohn/Baaske Cartoons
S. 36, 89, 100, 115 Oswald Huber/Baaske Cartoons
S. 43, 69 Klaus Puth/Baaske Cartoons
S. 81 Martin Guhl/Baaske Cartoons

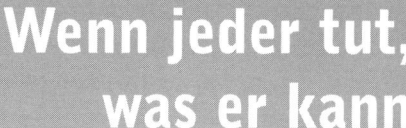

Wenn jeder tut, was er kann

Gabriele Stöger

Besser im Team

Stärken erkennen und nutzen

BELTZ
Taschenbuch

Damit Teams wirklich effektiv zusammen arbeiten, müssen sich die Teammitglieder optimal aufeinander einstellen können. Die unterschiedlichen Persönlichkeiten der Einzelnen müssen mit ihren spezifischen Stärken voll zur Entfaltung kommen. Teamleader können über die angebotene Persönlichkeitstypologie ihre Teammitglieder sowie auch künftige Bewerber treffsicher einschätzen. Dies hilft ihnen die Ressourcen der Mitarbeiter zu nutzen, indem sie wissen, wen welche Aufgabe anspricht. So können sie auch die Teamatmosphäre positiv beeinflussen.

»Für Macher, Pragmatiker und Anhänger des täglich gelebten Lernenden Unternehmens ist das Buch Evangelium. Das Buch ist das Zen der Teamentwicklung.« *Personal Potential*

Gabriele Stöger
Besser im Team
Stärken erkennen und nutzen
Beltz Taschenbuch 608
144 Seiten
ISBN 3 407 22608 X

BELTZ
Taschenbuch